U0515449

顾晓燕　朱玮玮 ◎ 著

双循环新发展格局下
知识产权保护
与经济高质量发展

INTELLECTUAL PROPERTY PROTECTION AND
HIGH-QUALITY ECONOMIC DEVELOPMENT UNDER
THE NEW DUAL CIRCULATION DEVELOPMENT PATTERN

中国财经出版传媒集团
经济科学出版社
Economic Science Press

图书在版编目（CIP）数据

双循环新发展格局下知识产权保护与经济高质量发展/
顾晓燕，朱玮玮著 . -- 北京：经济科学出版社，
2022. 11

ISBN 978 - 7 - 5218 - 4306 - 4

Ⅰ.①双… Ⅱ.①顾…②朱… Ⅲ.①知识产权保护
- 研究 - 中国②中国经济 - 经济发展 - 研究 Ⅳ.
①D923. 404②F124

中国版本图书馆 CIP 数据核字（2022）第 218042 号

责任编辑：孙丽丽 胡蔚婷
责任校对：杨 海
责任印制：范 艳

双循环新发展格局下知识产权保护与经济高质量发展

顾晓燕 朱玮玮 著

经济科学出版社出版、发行 新华书店经销

社址：北京市海淀区阜成路甲 28 号 邮编：100142

总编部电话：010 - 88191217 发行部电话：010 - 88191522

网址：www. esp. com. cn

电子邮箱：esp@ esp. com. cn

天猫网店：经济科学出版社旗舰店

网址：http://jjkxcbs. tmall. com

北京季蜂印刷有限公司印装

710 × 1000 16 开 13. 75 印张 200000 字

2022 年 11 月第 1 版 2022 年 11 月第 1 次印刷

ISBN 978 - 7 - 5218 - 4306 - 4 定价：56. 00 元

INTRODUCTORY ▷
序

　　党的十九大报告指出我国经济已转向高质量发展阶段。高质量发展是能体现创新、协调、绿色、开放、共享新发展理念的发展，是能更好满足人民对美好生活的向往的发展。新发展理念是新时代对高质量发展的本质要求，也是高质量发展实现与否的评价准则。创新是经济高质量发展的第一动力，从要素和投资驱动转向创新驱动，实现经济高质量发展的动力变革，目的是以创新支撑引领高质量发展。协调是经济高质量发展的重要标尺，是解决发展的不平衡不充分问题的必由之路。绿色是经济高质量发展的重要体现，是民生福祉的基本保障，实现人与自然和谐共生是可持续发展的重要基础。开放是经济高质量发展的必由之路，以高水平开放驱动国内国际双循环，目的是实现经济高质量发展。共享是经济高质量发展的必然要求，促进公平公正，实现改革发展成果由人民共享是社会主义的本质要求。贯彻新发展理念需要制度保障，知识产权保护作为重要的制度安排，对创新发展、协调发展、绿色发展、开放发展、共享发展都有着重要影响。本著作基于双循环新发展格局的背景，围绕知识产权保护对经济高质量发展的影响展开了严谨的理论分析以及规范的实证检验，提出了具有很强针对性与操作性的政策建议。

《双循环新发展格局下知识产权保护与经济高质量发展》一书是金陵科技学院顾晓燕教授、朱玮玮讲师在其主持的教育部规划基金项目的基础上，经过扩充、丰富和完善而形成的一部力作。本书详细阐释了双循环新发展格局下经济高质量发展的内涵，基于新发展理念的创新、协调、绿色、开放、共享五个维度，构建了经济高质量发展的评价指标体系，综合运用熵权法等测度了全国和省级层面的经济高质量发展指数。在运用规范分析方法厘清新发展格局下知识产权保护促进经济高质量发展的逻辑机理的基础上，综合采用空间计量模型、中介效应模型、门槛效应模型等实证检验知识产权保护对创新发展、协调发展、绿色发展、开放发展、共享发展的作用机制与影响效应，实证检验知识产权保护对技术创新、产业结构升级、绿色发展、出口技术复杂度、出口商品结构优化、消费升级的影响效应。进而，在理论分析和实证检验的基础上，提出新发展格局下以知识产权保护促进经济高质量发展的政策建议。

该著作站位有高度、理论有深度、实践有宽度，是一部立意深远、视角独特、内容丰富、逻辑严密、数据详实、实证规范、论证充分，具有极强实践指导价值的力作。通过本著作，我们可以深刻地理解双循环新发展格局下经济高质量发展的内涵、知识产权保护对经济高质量发展影响的内在逻辑机理、知识产权保护对经济高质量发展具有的重要推进作用，同时也启示我们在双循环新发展格局下如何通过知识产权保护推进经济高质量发展上展开更深层次的思考。本著作注重规范分析与实证分析，理论与实践结合，充分彰显了作者严谨的治学态度，但书中可能还存在疏漏之处，欢迎学术界与业务界的同仁们批评指正，共同促进双循环新发展格局下知识产权保护与经济高质量发展领域的后续研究不断深入和完善。

刘厚俊

2022 年 8 月

PREFACE ▷

前　言

　　党的十九届五中全会不仅明确了"双循环"新发展格局，也强调了"十四五"时期经济社会发展要以推动经济高质量发展为主题。在十九届中央政治局第二十五次集体学习时，习近平总书记强调知识产权保护工作"关系国家治理体系和治理能力现代化""关系高质量发展""关系人民生活幸福""关系国家对外开放大局""关系国家安全"，这"五个关系"深刻阐明了新发展格局下加强知识产权保护的重大现实意义。经济高质量发展是创新、协调、绿色、开放、共享的发展，知识产权保护作为重要的制度安排，与五个维度的发展都有紧密关联。知识产权保护为创新发展提供制度保障、为协调发展提供能力基础、为绿色发展提供动力引擎、为开放发展提供有力支撑、为共享发展提供活力源泉。在双循环新发展格局下，研究知识产权保护对经济高质量发展具有重要理论与实践价值。如何加强知识产权保护，推进经济高质量发展成为双循环新发展格局下亟需研究的重要命题。

1. 理论意义

　　基于新发展理念，从创新、协调、绿色、开放、共享五个维度阐述经济高质量发展的理论内涵，从创新维度、协调维度、绿色维度、开放维度、共享维度深入研究知识产权保护促进经济高质量发展的逻辑机理。基于比较优势理论、外部性理论、知识产权优势理论、国家竞争优势理论等，提出知识产权保护对技术创新、消费升级、绿色发展、出口技术复杂度、出口商品结构优化等影响的理论假说。本书是双循环相关理论、知识产权保护相关理论、经济高质量发展相关理论研究的拓展和深化，具有一定的理论意义。

2. 实践意义

研究知识产权保护与经济高质量发展是双循环新发展格局下创新型经济发展战略相关问题研究的拓展和深化，是着力破解发展瓶颈、推进经济高质量发展、构建国际竞争新优势的战略需求。知识产权保护是激发全社会创新活力和打造良好创新生态的根本手段，是规范市场秩序、营造公平竞争的营商环境的重要保障，是促进创新成果产业化产品化的有效途径，是打造品牌、促进高水平对外开放、实现国内国际循环有效联动的重要法宝，是建设创新型国家、推动经济高质量发展的应有之义。研究双循环新发展格局下知识产权保护与经济高质量发展，是突破知识产权摩擦的重要路径，能为知识产权强国战略的推进提供决策依据和有益参考，能为探寻中国经济高质量发展之路提供新思路、开阔新视野，对我国经济发展、国家安全、巩固全球价值链中心节点位置具有重要的战略意义。

3. 研究内容

全书分十三章，具体包括第一章绪论，第二章新发展格局下经济高质量发展内涵及测度，第三章新发展格局下知识产权保护促进经济高质量发展的逻辑机理，第四章新发展格局下知识产权保护促进经济高质量发展的实证检验，第五章知识产权保护的技术创新效应："量变"抑或"质变"，第六章空间视角下知识产权保护、技术创新与产业结构升级，第七章知识产权保护与绿色发展，第八章知识产权保护提升出口技术复杂度的作用机制研究，第九章空间视角下知识产权保护与出口技术复杂度，第十章知识产权保护与消费结构升级，第十一章知识产权保护、消费升级与出口商品结构优化，第十二章新发展格局下知识产权保护促进经济高质量发展的政策建议。

4. 创新之处

以往关于知识产权保护的研究，普遍集中在知识产权保护与技术创新、知识产权保护与产业结构升级、知识产权保护与出口技术复杂度、知识产权保护与出口商品结构优化等等，本书基于双循环新发展格局背景，研究知识产权保护对经济高质量发展的作用机制及影响效应，这是对现有研究的拓展和深化，是研究视角上的创新。基于熵权法测算经济高质量发展，在空间视角下，考虑空间溢出，构建空间计量模型、中介效应模型、门槛模型等，实证检验知识产权保护对经济高质量发展的影响效应，是研究方法上的创新。从总的维度以及创新、协调、绿色、开放、共享五个分维度研究知识产权保护与经济高质量发展，这种以多个角度、多个效应全面分析知识产权保护对经济高质量发展的影响效应，是研究内容上的创新。

本书是作者在其主持的教育部规划基金项目的基础上扩展补充的研究成果，在双循环新发展格局下，知识产权保护激励技术创新，带动消费升级，推进经济高质量发展方面，取得了很好的社会效应。本书撰写过程中已尽力做到资料翔实，论证充分，但书中仍可能存在一些疏漏之处，敬请广大读者批评指正，谨致感谢！

CONTENTS ▷
目　　录

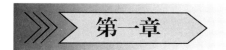

绪 论

第一节 研究背景及意义

一、研究背景

党的十九届五中全会明确了"双循环"新发展格局,提出"十四五"时期经济社会发展要以推动经济高质量发展为主题。高质量发展是体现"创新、协调、绿色、开放、共享"新发展理念的发展,是能更好满足人民日益增长的美好生活需要的发展。新发展理念是新时代新阶段对高质量发展的本质要求,也是评价高质量发展实现与否的评价准则。

创新是经济高质量发展的第一动力,协调是经济高质量发展的重要标尺,绿色是经济高质量发展的重要形态,开放是经济高质量发展的必经之路,共享是经济高质量发展的必然要求。贯彻新发展理念需要制度保障,知识产权保护是重要的制度安排,为高质量发展提供支撑,对创新发展、协调发展、绿色发展、开放发展、共享发展都有着重要影响。

在十九届中央政治局第二十五次集体学习时,习近平总书记强调知识产权保护工作"关系国家治理体系和治理能力现代化""关系高质量发展""关系人民生活幸福""关系国家对外开放大局""关系国家安全",这

"五个关系"深刻阐明了新发展格局下加强知识产权保护的重大现实意义。知识产权保护助力高质量发展，为创新发展提供制度保障、为协调发展提供能力基础、为绿色发展提供动力引擎、为开放发展提供有力支撑、为共享发展提供活力源泉。

在双循环新发展格局下，研究知识产权保护与经济高质量发展的关联具有重要理论与实践价值。如何加强知识产权保护，促进经济高质量发展成为双循环新发展格局下亟待研究的课题。本书在双循环新发展格局的背景下，围绕知识产权保护对经济高质量发展的影响展开了深入的理论分析以及规范的实证检验，提出了具有很强针对性与操作性的政策建议。

二、研究意义

（一）理论意义

基于新发展理念，从创新、协调、绿色、开放、共享五个维度阐述经济高质量发展的理论内涵，从创新维度、协调维度、绿色维度、开放维度、共享维度深入研究知识产权保护促进经济高质量发展的逻辑机理。基于比较优势理论、外部性理论、知识产权优势理论、国家竞争优势理论等，提出知识产权保护对技术创新、消费升级、绿色发展、出口技术复杂度、出口商品结构优化等影响的理论假说。本书是双循环相关理论、知识产权保护相关理论、经济高质量发展相关理论研究的拓展和深化，具有一定的理论意义。

（二）现实意义

研究知识产权保护与经济高质量发展是双循环新发展格局下创新型经济发展战略相关问题研究的拓展和深化，是着力破解发展瓶颈、推进经济高质量发展、构建国际竞争新优势的战略需求。知识产权保护是激发全社会创新活力和打造良好创新生态的根本手段，是规范市场秩序、营造公平竞争的营商环境的重要保障，是促进创新成果产业化产品化的有效途径，是打造品牌、促进高水平对外开放、实现国内国际循环有效联动的重要法宝，是建设创新型国家、推动经济高质量发展的应有之义。研究双循环新发展格局下知识产权保护与经济高质量发展，是突破知识产权摩擦的重要路径，能为知识产权强国战略的推进提供决策依据和有益参考，能为探寻中国经济高质量发展之路提供新思路、开阔新视野，对我国经济发展、国家安全、巩固全球价值链中心节点位置具有重要的战略意义。

第二节 研究内容及方法

一、研究内容

全书分十二章，具体内容包括：

第一章绪论。阐述了研究背景及意义，研究内容及方法，创新之处及不足。

第二章新发展格局下经济高质量发展内涵及测度。本章主要开展了新发展格局下经济高质量发展内涵，经济高质量发展评价指标体系构建，五维视角经济高质量发展水平测度的研究。

第三章新发展格局下知识产权保护促进经济高质量发展的逻辑机理。本章主要从创新维度、协调维度、绿色维度、开放维度、共享维度剖析了新发展格局下知识产权保护促进经济高质量发展的内在逻辑机理。

第四章新发展格局下知识产权保护促进经济高质量发展的实证检验。本章从知识产权保护对经济高质量发展总体影响的维度出发，在提出知识产权保护促进经济高质量发展的理论假说的基础上，基于中国 30 个省（直辖市、自治区）的面板数据，构建面板计量模型、空间计量模型、门槛效应模型等实证检验了知识产权保护对经济高质量发展的影响。

第五章知识产权保护的技术创新效应："量变"抑或"质变"。本章从创新发展分维度的角度出发，基于中国省际面板数据，分别从数量和质量层面系统探讨知识产权保护对技术创新的影响及可能存在的异质性，并进一步利用门槛效应对其影响机制进行更为细致的解释。

第六章空间视角下知识产权保护、技术创新与产业结构升级。本章从产业协调发展维度出发，在充分考虑知识产权保护、技术创新与产业结构升级可能具有空间关联性的条件下，提出理论假说，采用空间滞后模型和空间误差模型控制可能的空间溢出效应，结合中介效应模型，对理论假说进行逻辑一致性计量检验。

第七章知识产权保护与绿色发展。本章从绿色发展维度出发，考虑了知识产权保护、绿色发展、企业创新的空间相关性，提出理论假说，采用空间滞后模型、空间误差模型，结合中介效应模型，实证分析知识产权保护对绿色发展的影响，以及知识产权保护影响绿色发展的过程中企业创新发挥的中介作用。

第八章知识产权保护提升出口技术复杂度的作用机制研究。本章从开放发展维度出发，基于理论分析形成待检验假说，采用普通面板模型以及面板广义最小二乘估计（GLS）方法进行基准回归，检验理论假说中的直接作用和间接作用，采用分位数回归和动态面板的 GMM 估计方法进行稳健性检验，采用门槛效应模型进行分区域检验，实证分析知识产权保护对出口技术复杂度的作用机制。

第九章空间视角下知识产权保护与出口技术复杂度。本章从开放发展维度出发，通过构建空间计量模型，将被解释变量、解释变量和误差项的空间滞后项引入通用嵌套空间模型，充分考虑空间溢出效应的影响，利用中国 30 个省级行政区的面板数据，实证研究非均质知识产权保护对出口技术复杂度的影响效应。

第十章知识产权保护与消费结构升级。本章从共享发展维度出发，基于理论机制分析形成待检验假说，基于中国 30 个省级行政区的面板数据，实证检验知识产权保护对消费结构升级的影响，以及影响的城乡异质性、收入异质性和知识产权发展异质性。

第十一章知识产权保护、消费升级与出口商品结构优化。本章从共享发展和开放发展维度出发，结合中国 30 个省级行政区的面板数据，实证检验知识产权保护对出口商品结构升级的影响及其区域异质性，以及在知识产权保护促进出口商品结构优化的过程中，消费"量"的升级和"质"的升级起到的中介作用。

第十二章新发展格局下知识产权保护促进经济高质量发展的政策建议。主要从创新维度、协调维度、绿色维度、开放维度、共享维度提出新发展格局下知识产权保护促进经济高质量发展的政策建议。

二、研究方法

综合运用经济学、管理学相关理论方法研究经济高质量发展的内涵，综合运用熵权法测度全国和省级层面总的经济高质量发展水平以及分维度的发展水平。运用比较分析法、规范分析法，从创新维度、协调维度、绿色维度、开放维度、共享维度分析知识产权保护影响经济高质量发展的逻辑机理。运用普通面板模型、面板广义最小二乘估计方法、空间滞后模型、空间误差模型、通用嵌套空间模型、中介效应模型、门槛效应模型、分位数回归和动态面板 GMM 估计方法等实证检验知识产权保护对经济高质量发展的影响。采用归纳演绎法、逻辑分析法，提出双循环新发展格局下加强知识产权保护，促进经济高质量发展的政策建议。

第三节 创新之处及不足

一、创新之处

（一）研究视角创新

以往关于知识产权保护的研究，普遍集中在知识产权保护与技术创新、知识产权保护与产业结构升级、知识产权保护与出口技术复杂度、知识产权保护与出口商品结构优化等方面，本书基于双循环新发展格局背景，研究知识产权保护对经济高质量发展影响的逻辑机理、作用机制及影响效应，这是对现有研究的拓展和深化，是研究视角上的创新。

（二）研究内容创新

本书从总的维度以及创新、协调、绿色、开放、共享五个分维度研究知识产权保护与经济高质量发展，这种以多个角度、多个效应全面分析知识产权保护对经济高质量发展的影响效应，是研究内容上的创新。

（三）研究方法创新

基于熵权法测算经济高质量发展水平，在空间视角下，考虑空间溢出，构建空间滞后模型、空间误差模型、通用嵌套空间模型、中介效应模型、门槛效应模型等实证检验知识产权保护对经济高质量发展的影响效应，是研究方法上的创新。

二、研究不足

在进行宏观研究时，由于宏观统计数据的局限性使得本书并不能完全按照机制分析的设想展开，在某些变量的选取上只能尽量选择一些合适的替代性指标。但是作者会进行相应的稳健性检验以降低数据的影响。

从不同省域层面看，实施怎样的知识产权战略和采取何种程度的知识产权保护水平，才能更好地促进自身经济高质量发展的同时，又能在有效的空间外溢和互动中实现共赢，进而促进双循环新发展格局下中国经济整体的高质量发展，有待进一步深入研究。

第二章

新发展格局下经济高质量发展的内涵及测度

第一节　新发展格局下经济高质量发展的内涵

党的十九大报告明确指出，我国经济已由高速增长阶段转向高质量发展阶段。2020年5月14日中央政治局会议首次提出"构建国内国际双循环相互促进的新发展格局"。"双循环"新发展格局是党中央基于国内外经济形势的变化提出的重大发展战略。《中共中央关于制定国民经济和社会发展第十四个五年规划和二〇三五年远景目标的建议》明确提出，"坚定不移贯彻创新、协调、绿色、开放、共享的新发展理念""以推动高质量发展为主题""以满足人民日益增长的美好生活需要为根本目的""加快构建以国内大循环为主体、国内国际双循环相互促进的新发展格局"。在新发展格局下，准确把握经济高质量发展的内涵，并对经济高质量发展进行科学的评价分析，具有重要的理论价值和现实意义。

学者们围绕高质量发展展开了广泛的研究。高质量发展是能够更好满足人民不断增长的真实需要的经济发展方式、结构和动力状态（金碚，2018）。张军扩等（2019）提出高质量发展是质量和数量的统一，是经济建设、政治建设、文化建设、社会建设、生态文明建设的协调发展，具体体现为资源配置高效、产品和服务质量提高、技术水平不断升级、城乡和区域发展实现均等化、成果公平分享和绿色可持续发展。师博和任保平（2018）指出经济高质量发展包含增长基本面和社会成果两个维度，具体而言，基本面可分解为增长的强度、稳定性、合理化和外向性，社会成果可分解为人力资本和生态资本。唐晓彬等（2020）指出，经济高质量发展是在保证一定经济增速的前提下，经济发展成果在"量"的基础上实现"质"的优化和飞跃，同时强调经济规模的稳步增长与经济动力的加速转换，兼顾发展的质效与协调、共享，注重内部结构优化升级与对外开放水平的提升。学者们从多维度和多角度出发，对经济高质量发展的理论含义进行了解读，但仍缺乏在新发展格局下对经济高质量发展内涵的深入研究。推动高质量发展是构建新发展格局的主题，新发展格局为高质量发展提供了指引，经济高质量发展以新发展理念为指导，因此新发展格局下的经济高质量发展也应当贯彻"五大发展理念"，并以此作为经济发展质量的评价基准（宋洋和李先军，2021）。因此，本书以"五大发展理念"为逻辑依据，从创新发展、协调发展、绿色发展、开放发展、共享发展五个维度阐释新发展格局下经济高质量发展的内涵。

经济高质量发展以创新为第一驱动力。长期以来我国经济增长主要依赖要素驱动、投资驱动，新形势下这样的经济增长模式难以为继，经济增长动力亟待转换。要加快实现创新驱动中国经济发展，激励自主创新，增加研发经费和人员的投入，提高创新产出的数量和质量，推动科技成果转化应用，提升产业国际竞争力，使创新成为中国经济发展的新动能。

经济高质量发展是多领域多方面的协调推进。现阶段，我国经济增长仍存在区域发展、城乡发展、产业发展、投资消费的结构性问题，成为制约经济高质量发展的瓶颈。应进一步降低区域间、城乡间的收入与消费差距，推进区域和城乡协调发展，优化产业结构，增加有效投资，促进消费扩容提质，使供给端和消费端在更高水平实现动态均衡，畅通国内大循环，推动经济高质量发展。

经济高质量发展坚持绿色引领，生态优先。传统的高能耗、高排放、高污染的发展方式与可持续发展的目标相背离。当前国内经济发展的资源环境约束趋紧、生态文明建设总体滞后于经济社会发展。经济高质量发展要求坚持绿色发展，倡导绿色生活，减少污染物排放，推进城市绿色建设，重视生态文明建设，加快形成绿色生产以及绿色生活方式，提高经济增长的可持续性。

经济高质量发展要求实现更高水平的对外开放。新发展格局不是封闭的国内循环，而是更加开放的国内国际双循环。贸易强国建设是推动我国经济高质量发展的重要举措，应扩大对外开放力度，加大高技术中间品和关键设备的进口，促进产品高水平"走出去"，扩大高端消费品进口，优化外贸结构和外资结构，促进投资自由化和便利化，以高质量开放引领经济高质量发展。

经济高质量发展坚持发展成果由人民共享。新时代我国社会的主要矛盾已转化为人民日益增长的美好生活需要和不平衡不充分的发展之间的矛盾。加快实现共享发展，不断提高人民收入水平，缩小收入差距，促进消费增长，保障人民对教育、医疗等资源的均等共享，持续改善民生，增进社会福利，可以更好地满足人民对美好生活的需要，促进经济高质量发展。

第二节　经济高质量发展评价指标体系构建

基于上节对新发展格局下经济高质量发展内涵的阐述，遵循科学性、可得性、可操作性的原则，从创新发展、协调发展、绿色发展、开放发展、共享发展五个维度出发，构建经济高质量发展评价指标体系，各维度的指标体系、度量方法及指标属性见表 2 - 1 ~ 表 2 - 2。

表 2 – 1 创新发展评价指标体系

一级指标	二级指标	三级指标	指标度量	属性
创新发展	创新投入	研发经费投入水平	R&D 经费投入/地区 GDP	正
		研发人员投入水平	研发人员全时当量/就业人数	正
	创新产出	人均专利授权数	三种专利授权数/常住人口数	正
		技术市场成交额占比	技术市场成交额/R&D 经费投入	正

表 2 – 2 协调发展评价指标体系

一级指标	二级指标	三级指标	指标度量	属性
协调发展	区域协调	地区收入比	各省居民人均年收入/全国居民人均年收入	正
		地区消费比	各省居民人均年消费/全国居民人均年消费	正
	城乡协调	城乡收入比	城乡居民人均年可支配收入之比	负
		城乡消费比	城乡居民人均年消费之比	负
	产业协调	产业结构合理化	泰尔指数	负
		产业结构高级化	三产增加值/二产增加值	正
	投资消费协调	投资水平	固定资产投资/地区 GDP	正
		消费水平	社会消费品零售总额/地区 GDP	正

一、创新发展维度

从创新投入和创新产业两个方面考量。具体以研发经费投入水平、研发人员投入水平揭示创新发展程度，分别以 R&D 经费投入占比地区 GDP、研发人员全时当量与就业人数的比值度量，比值越大，越有利于经济高质量发展。以人均专利授权数、技术市场成交额占比体现创新产出状况，分别用三种专利授权数除以常住人口数、技术市场成交额占 R&D 经费投入的比重表示，数值越高，创新产出越大，越有助于促进经济发展。

二、协调发展维度

从区域协调、城乡协调、产业协调、投资消费协调四个方面考察。具体而言，以地区收入比、地区消费比体现区域协调程度，分别以各省居民人均年收入占全国居民人均年收入的比重、各省居民人均年消费占全国居民人均年消费的比重表示，比值越大，越有利于区域协调。以城乡收入比、城乡消费比衡量城乡协调程度，分别以城乡居民人均年可支配收入之比、城乡居民人均年消费之比度量，比值越小，越有利于城乡协调。以产业结构合理化、产业结构高级化体现产业协调水平，利用泰尔指数度量产业结构的合理化，指数值越低，产业结构越合理，利用三产增加值占二产增加值的比重度量，比重越大，产业结构越高级。以投资水平、消费水平揭示投资消费协调状况，分别以固定资产投资占地区GDP 比重、社会消费品零售总额占地区 GDP 比重度量，比值越大，越有利于投资消费协调。

三、绿色发展维度

从绿色生产和绿色生活两方面刻画。具体以单位 GDP 工业废气、废水、废物排放体现绿色生产情况，分别以工业二氧化硫排放量、工业废水排放量、一般工业固体废物产生量占 GDP 的比重度量，比值越高，越不利于经济高质量发展。以森林覆盖率、建成区绿化覆盖率、生活垃圾无害化处理率揭示绿色生活情况，比率越高，绿色生活水平越高，越有利于促进经济高质量发展（见表 2－3）。

表 2 – 3 绿色发展评价指标体系

一级指标	二级指标	三级指标	指标度量	属性
绿色发展	绿色生产	单位 GDP 工业废气排放	工业二氧化硫排放量/GDP	负
		单位 GDP 工业废水排放	工业废水排放量/GDP	负
		单位 GDP 工业废物排放	一般工业固体废物产生量/GDP	负
	绿色生活	森林覆盖率	森林面积/土地总面积	正
		建成区绿化覆盖率	建成区绿化覆盖面积/建成区面积	正
		生活垃圾处理	生活垃圾无害化处理率	正

四、开放发展维度

从贸易开放和投资开放两方面考察，分别利用进出口总额占地区 GDP 比重，实际利用外资总额占地区 GDP 比重反映，比重越大，开放程度越高，越有利于实现经济高质量发展（见表 2 – 4）。

表 2 – 4 开放发展评价指标体系

一级指标	二级指标	三级指标	指标度量	属性
开放发展	开放水平	贸易开放水平	进出口总额/地区 GDP	正
		投资开放水平	实际利用外资总额/地区 GDP	正

五、共享发展维度

从产出共享、福利共享两方面考量。具体以人均可支配收入、人均消费性支出揭示产出共享情况，收入和支出水平越高，越能实现产出共享，促进经济发展。以教育福利、健康福利揭示福利共享情况，分别以生均教育经费、人均医疗卫生财政支出度量，支出额越高，福利水平越高，越有利于经济增长（见表 2 – 5）。

表 2 – 5　　　　　　　　　　　共享发展评价指标体系

一级指标	二级指标	三级指标	指标度量	属性
共享发展	产出共享	人均可支配收入	居民人均可支配收入	正
		人均消费性支出	居民人均消费	正
	福利共享	教育福利	人均教育经费	正
		健康福利	人均医疗卫生财政支出	正

第三节　五维视角下的经济高质量发展水平测度

一、测度方法和数值来源

综合评价法中确定指标权重的评价方法主要包括主观赋权评价法和客观赋权评价法，主观赋权法反映主观意愿，客观性相对较差，客观赋权法中的熵权法，根据各指标的信息量大小，通过信息熵原理确定指标权重，能较为客观准确地评价研究对象。熵权法计算综合指数的具体步骤如下。

（一）指标标准化处理

由于各指标的单位和量级有差异，需要对数据进行无量纲化处理。正向指标的标准化处理公式如下：

$$y_{ij} = \frac{x_{ij} - \min(x_j)}{\max(x_j) - \min(x_j)}$$

负向指标的标准化处理公式如下：

$$y_{ij} = \frac{\max(x_j) - x_{ij}}{\max(x_j) - \min(x_j)}$$

x_{ij} 为各测度指标的原始值，y_{ij} 为指标标准化后的值，其中 i 表示省份，j 表示测度指标。

（二） 计算各指标信息熵

在有 m 项评价指标，n 个评价对象的研究中，指标 j 的熵值为 e_j：

$$e_j = -\ln\frac{1}{n}\sum_{i=1}^{n}\left[\left(\frac{y_{ij}}{\sum_{i=1}^{n}y_{ij}}\right)\ln\left(\frac{y_{ij}}{\sum_{i=1}^{n}y_{ij}}\right)\right]$$

（三） 确定指标值权重

得到了指标 j 的熵值后，可以确定指标 j 的权重 w_j：

$$w_j = \frac{1-e_j}{\sum_{j=1}^{m}1-e_j}$$

（四） 计算综合指数

$$h_i = \sum_{i=1}^{n}w_jy_{ij}$$

本章采用 2004～2019 年中国 30 个省（自治区、直辖市）的数据（不含香港地区、澳门地区、台湾地区和西藏自治区），根据熵权法计算各指标权重，并测算经济高质量发展综合指数。数据来源于《中国统计年鉴》、中国经济金融研究数据库、EPS 数据库，以及地方统计年鉴，以 2004 年为基期，少量缺失数据采用趋势递推法补齐。

二、测度结果分析

我国不同地区 2004～2019 年经济高质量发展综合指数变化如图 2－1所示。考察期内，我国经济高质量综合指数从 0.15 上升至 0.32，呈现出稳定的上升态势。与以人均 GDP 度量的经济发展水平相似，经济高质量发展水平也存在着显著的地区差距，按照由高到低，依次为东部、中部、西部。东部地区的经济高质量发展综合指数高于全国平均水平，从 2004 年的

0.24 增长至 2019 年的 0.44，年均增速约为 4.12%。中部地区的经济高质量发展综合指数从 2004 年的 0.12 增长至 2019 年的 0.28，年均增速约为 5.81%。西部地区的经济高质量发展综合指数从 2004 年的 0.1 增长至 2019 年的 0.23，年均增速约为 5.71%。东部地区在经济高质量发展中发挥着引领示范作用，中西部地区的经济高质量发展水平落后于东部地区，这表明经济社会发展的非均衡性仍明显存在，但从增速情况看，中西部地区的经济高质量发展表现出良好的发展势头，具有较强的发展潜力。

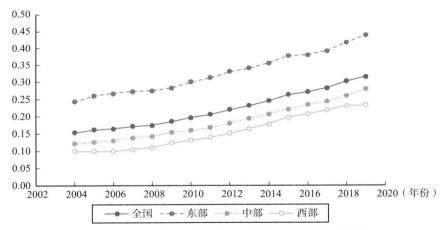

图 2 - 1　2004～2019 年各地区经济高质量发展综合指数

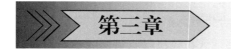

第三章

新发展格局下知识产权保护促进经济高质量发展的逻辑机理

第一节　创新维度的逻辑机理

创新是经济高质量发展的第一动力，经济高质量发展的核心是从要素和投资驱动转向创新驱动，以创新赋能经济高质量发展。习近平总书记在主持中央政治局第二十五次集体学习时指出："创新是引领发展的第一动力，保护知识产权就是保护创新"。

一、宏观层面，知识产权保护为创新发展提供制度保障

作为一种现代产权制度，知识产权制度是创新发展的基本制度保障，能够对创新活动进行产权界定，创新者合法财产权的保护能为创新活动提供激励机制。同时，知识产权保护为创新成果的交易提供市场规范机制，能营造良好的产权交易环境，促进创新成果的转移转化。知识产权保护和工作法治化水平是国家治理体系和治理能力现代化的重要体现，知识产权保护有助于营造有利于创新发展的法治环境，使创新活动能够合法有序进入市场，充分实现权利价值。知识产权保护是激发全社会创新活力和打造良好创新生态的根本手段，是规范市场秩序、营造公平竞争的营商环境的

重要保障，是促进创新成果产业化产品化的有效途径，是打造品牌、促进高水平对外开放、实现国内国际循环有效联动的重要法宝，是建设创新型国家、推动经济高质量发展的应有之义。

二、中观层面，知识产权保护为创新发展筑牢产业基础

产业兴则经济兴，产业强则经济强，构建现代产业体系是打造经济高质量发展的重要引擎。加强知识产权保护，推动创新成果向现实生产力的转化，以创新赋能传统产业转型升级、知识产权密集型产业兴起。新一轮科技革命与产业变革，改变着全球产业链格局，创新链、产业链竞争已经成为全球化进程中一种全新的竞争形态。攀升至全球价值链的主导地位，迫切需要从要素驱动向创新驱动转变，加强知识产权保护，让知识产权保护为创新链产业链的深度融合"保驾护航"，让核心产业链与核心技术链协同发挥作用，最大限度构建、优化、促进创新链、产业链融合发展，瞄准全球价值链中高端进行技术创新，与世界最先进的产业研发水平与标准进行对接，不断开发与强化产业链中高端的核心技术和关键技术，努力占据全球价值链的"智高点"。围绕创新链布局产业链，加强全产业链知识产权保护，以知识产权支撑筑链、补链、固链、强链、延链工程的实施，做好产业链上核心技术的专利布局和保护，实现产业基础高级化和产业链现代化，确保产业自主可控，实现供应链安全化，为创新发展夯实产业基础。

三、微观层面，知识产权保护为创新发展夯实企业基础

企业是自主创新的主体，企业的创新能力是创新发展的基础。缺乏知识产权保护，会导致企业不愿进行创新投入，因为其创新成果得不到保护，会迅速被模仿。加强知识产权保护，能有效遏制侵权假冒等行为，创新者的创新成果能得到产权保护，权利人拥有一定时期的独占使用权，能成为行业进入壁垒或者转化为市场价值，成为企业核心竞争力，从而为企

业技术创新提供内在激励，创新成果获得的市场价值会反哺企业的再创新。双循环新发展格局下，企业在国内大循环中立于不败之地，需要加强知识产权保护，在关键技术领域、主营业务领域拥有自主知识产权。同时，知识产权保护也有利于企业间的知识产权许可交易，通过知识产权贸易，加快创新要素的流动，创新资源的合理有效重组分配，能够更好地实现协同创新，形成专利池，从而为企业"走出去"，实现更高水平开放打下坚实基础。专利技术与商标品牌是企业走向国际市场的标配，是企业进行国际谈判的重要筹码，知识产权保护能为企业在国际循环中立于不败之地"保驾护航"。

第二节　协调维度的逻辑机理

协调是经济高质量发展的重要标尺和评价标准，是解决发展的不平衡不充分问题，实现共同富裕的必由之路。习近平总书记在学习贯彻党的十八届五中全会精神专题研讨班上的讲话中指出，"协调既是发展手段又是发展目标，同时还是评价发展的标准和尺度"。

一、知识产权保护推进创新要素流动，促进协调发展

创新要素是技术创新的基础，知识产权保护能让创新要素在城乡之间、区域之间、国内国际市场间自主有序流动。知识产权保护促进了知识产权贸易的发展，推动专利技术在城乡、区域、国内国际市场的许可交易，推进专利技术的转移转化，带动技术、产业的协调发展，缩小了城乡之间、区域之间、国内国际之间的技术发展水平、产业发展水平、经济发展水平、居民收入的差距。知识产权保护促进含有知识产权的中间产品的进口，能带来技术溢出效应，提升国内最终品的生产能力，缩小国内国际产品供给水平的差距，促进国内国际循环的协调发展。知识产权保护能促

进知识产权运用，推进专利技术跨区域间的转移转化，使创新链产业链更好融合，促进区域协调发展。

二、知识产权保护优化创新资源配置，促进协调发展

知识产权保护能优化区域内的创新资源配置、知识产权保护激励创新，创新赋能传统产业转型升级和新兴产业兴起，促进劳动密集型、资本密集型、技术密集型产业向知识产权密集型产业转变，将更多的创新资源转向转型升级后的产业，提高创新资源配置效率，促进产业协调发展。知识产权保护能优化区域间的创新资源的配置，根据区域产业链布局，汇聚创新人才，围绕产业链做强创新链，同时又能根据创新链布局产业链，提高区域间的创新资源配置效率。知识产权保护能吸引优质外资，推动跨国公司将研发中心转移至东道国，产生技术外溢效应、人力资源配置效应以及上下游产业关联效应，促进国内国际循环有效联动，协调发展。知识产权保护能促进外贸出口企业加大知识产权贸易，以专利技术、商标品牌为核心竞争力占据全球价值链中高端，进入国际市场，实现内贸外贸一体化发展，促进国内市场国际市场协调发展。

三、知识产权保护营造良好市场环境，促进协调发展

知识产权保护能营造良好的技术转移的市场环境，加快技术区域间的有效流动，缩小区域间的技术差距，促进专利技术跨区域实现产业转化，促进区域协调发展。知识产权保护能促进专利技术的国际转移，在技术引进、消化吸收后实现技术再创新，缩小国内国际技术差距。知识产权保护能吸引全球创新资源向中国市场集聚，促进国内市场国际市场两个市场的协调发展。知识产权保护能营造良好的营商环境，在加大知识产权保护下，有利于高技术产品的引进，通过进口贸易带来学习效应、技术外溢效应，缩小国内国际供给产品的差距，同时，也有利于本国产品的出口，拥

有专利技术、商标品牌是出口产品进入国际市场的关键，形成国内贸易国际贸易的协调发展。

第三节　绿色维度的逻辑机理

绿色发展以效率、和谐、持续为目标，是经济高质量发展的重要体现，是民生福祉的基本保障，是实现人与自然和谐共生的重要基础。习近平总书记在第二届联合国全球可持续交通大会开幕式上的主旨讲话中指出，"建立绿色低碳发展的经济体系，促进经济社会发展全面绿色转型，才是实现可持续发展的长久之策"。

一、知识产权保护激励绿色技术创新

绿色技术能减少污染、降低消耗、改善生态，是一种与生态系统相协调的新型的现代技术系统，绿色技术不是单一技术，而是技术系统，更需要加强整个技术系统的知识产权保护，避免"搭便车""侵权假冒"等行为打击创新者的积极性。绿色技术具有高度的战略性，关乎人与自然能否和谐共生，关乎可持续发展。绿色产品设计、绿色工艺设计、绿色材料开发、绿色设备制造、绿色包装设计、绿色回收处理等绿色技术创新得到各国高度重视。政府将大量创新资金投入绿色技术创新，企业研发资金大量转向绿色技术创新，加强整个绿色技术系统的知识产权保护力度，将会激励更多的绿色技术创新。在核心技术领域布局绿色核心专利和外围专利，形成整个技术系统的绿色技术创新和保护系统，营造良好的绿色技术创新生态。

二、知识产权保护推进绿色产业发展

绿色产业通过采用绿色生产技术，降低原材料和能源消耗，做到小投入、高产出、低污染无污染，被誉为环境友好型产业，是充分考虑人、自然、环境、经济四者协调发展的新兴产业。自然资源的稀缺性、不可再生性，生态环境修复的长期性和不可逆性，使得各国高度重视绿色产业发展，绿色产业成为战略性新兴产业。绿色产业发展的关键是绿色技术的创新与运用，知识产权保护激励绿色技术创新的同时，能促进绿色专利技术的产业化运用，绿色技术的转移转化，绿色技术创新赋能传统产业升级改造，减少资源能源消耗，降低经济发展对生态环境的负面影响。绿色技术创新的产业化运用加速了绿色新兴产业的兴起，促进了人与自然和谐共生，使绿色产业发展成为经济高质量发展的重要支撑。

三、知识产权保护引导绿色消费兴起

随着人类对环境生态的不断重视，绿色消费的需求会不断上升，逐步成为经济高质量发展阶段的消费共识。绿色技术、绿色产业的发展促进了绿色产品的供给，顺应了居民的绿色消费需求。拥有绿色专利的绿色产品，通过商标品牌、外观设计、包装说明等，能与传统非绿色产品有所区别，能引导消费者作出正确的绿色消费选择，激发绿色产品的消费潜力，扩大绿色产品的消费规模。企业是绿色技术创新、绿色产品供给的主体，通过激发消费需求，提升绿色产品的利润率，能进一步推动绿色技术的再创新、绿色技术的产业化、绿色产品的品牌化和市场化，促进绿色消费兴起。

第四节　开放维度的逻辑机理

高水平开放是实现高质量发展的内在要求，以高水平开放驱动国内国际双循环，是实现经济高质量发展的必由之路。习近平总书记在 2018 年博鳌亚洲论坛年会开幕式上的主旨演讲中指出，"过去 40 年中国经济发展是在开放条件下取得的，未来中国经济实现高质量发展也必须在更加开放条件下进行"。

一、加强知识产权保护，关系国家对外开放大局

实行高水平开放，促进国内国际循环有效联动是新发展格局的应有之义，建立完善的知识产权保护制度是对外开放的必然选择。知识产权保护一直是国际经贸谈判的重要议题，知识产权保护关乎高质量"引进来"和高水平"走出去"。加强知识产权保护，提高执法力度，实行侵权惩罚性赔偿制度等，有利于营造良好的营商环境，吸引外国投资者将研发中心、高端生产环节、人才数据等创新要素转移到我国，学习跨国公司的新技术新业态新模式，发挥其外溢效应，促进高水平开放。同时，加强知识产权保护，有利于高技术含量的最终产品以及中间产品的进口，也有利于高技术含量的产品顺利走向国际市场，在激烈的国际市场竞争中不断倒逼技术的再创新、产品的再升级，从外贸的角度促进高水平开放。加强知识产权保护，可以推动知识产权领域的国际合作，推动知识产权国际治理体系的完善，增强在国际规则制定中的话语权，推进高标准的制度性开放，为对外开放营造宽松的国际环境。

二、加强知识产权保护，关系企业对外核心竞争力的打造

企业是技术创新的主体，是走向国际市场的主体，通过加强知识产权保护，激励倒逼企业自主创新。通过强化企业研发、采购、生产、销售等全流程的知识产权保护，切实保护创新成果，使创新成果成为企业的核心竞争力，为"走出去"打下坚实基础。通过激励企业在关键技术领域布局核心专利以及外围专利，注重国际专利和国际商标的申请，使知识产权成为企业"走出去"的标配，成为企业对外谈判的核心筹码。通过加强知识产权保护，明确知识产权权益归属，鼓励企业院所协同创新，鼓励企业知识产权交易许可，抱团取暖，形成企业出口谈判的整体优势。通过加强知识产权保护，倒逼企业以创新赋能传统企业转型升级，以创新赋能知识产

权密集型企业的兴起，增强更多企业走向国际市场的竞争力，以高水平开放促进国内国际循环有效联动，以高水平开放推动经济高质量发展。

三、加强知识产权保护，关系产业基础高级化和产业链现代化

百年未有之大变局、中美贸易摩擦、新冠肺炎疫情给我国现代产业体系建设和发展带来前所未有的新机遇与新挑战。一方面，传统全球价值链分工越来越难以避免贸易摩擦带来的关键领域"卡脖子"问题，新冠肺炎疫情使全球产业链分工体系发生战略收缩，引起供应链"断裂"风险，威胁现代产业体系"安全"。另一方面，以人工智能、大数据、量子科技等为代表的新科技革命催生越来越多的新产业、新业态、新模式，对我国现代产业体系建设形成源源不断的内生动力。2019年8月，习近平总书记在中央财经委员会第五次会议中指出，"要充分发挥集中力量办大事的制度优势和超大规模的市场优势，打好产业基础高级化、产业链现代化的攻坚战。"2020年4月，习近平总书记在陕西考察时作出指示，"要围绕产业链部署创新链、围绕创新链布局产业链，推动经济高质量发展迈出更大步伐。"知识产权保护作为重要的制度安排，在围绕产业链部署创新链、围绕创新链布局产业链过程中发挥着举足轻重的作用。围绕产业链部署创新链，形成产业链关键技术领域的核心专利的有效布局，是打好产业基础高级化、产业链现代化攻坚战的重要基础。围绕创新链布局产业链，强化知识产权保护和运用，推进科技成果转移转化和产业化，促进强链、补链、固链、延链工程的实施，增强产业链韧性、增强产业链自主可控能力，是打好产业基础高级化、产业链现代化攻坚战的重要体现。

第五节　共享维度的逻辑机理

共享是经济高质量发展的必然要求，促进公平公正，实现改革发展成

果由人民共享是社会主义的本质要求，是创新发展、协调发展、绿色发展、开放发展的最终目标。习近平总书记在第十八届中央政治局第一次集体学习时的讲话中指出，"使发展成果更多更公平惠及全体人民，朝着共同富裕方向稳步前进"。

一、知识产权保护为共享发展提供基础保障

创新驱动是实现共享发展的必由之路，保护知识产权就是保护创新。科技创新的自主自强是真正走出一条具有中国特色的共享发展之路的关键。协调发展是共享发展的基础，处理好发展的不平衡不充分问题是共享发展的前提，知识产权保护能促进区域协调、城乡协调等，为共享发展提供保障。绿色发展是可持续发展的核心引擎，只有经济的可持续发展，才能确保最终的高质量的共享发展，知识产权保护通过推进绿色发展助推共享发展。开放发展的目标也是为了更好地实现共享发展，知识产权保护通过促进开放发展，推进了共享发展目标的实现。

二、知识产权保护为共享经济提供有力支撑

加强知识产权保护是共享经济的重中之重，发展共享经济，需要平衡协调好知识产权保护与知识共享。共享出行、共享单车、共享充电宝、共享雨伞、共享汽车、共享书店等，共享经济的模式种类众多，覆盖了衣食住行用等生活的方方面面，存在很大的侵权隐患。注重核心专利布局和商标品牌保护，处理好资源共享中的知识产权侵权隐患才能为共享发展提供源源不断的动力源。加大信息资源、网络资源、数字资源等共享过程中的知识产权保护，加大新业态、新商业模式等新形态创新成果的知识产权保护才能保障共享经济的持续有序发展。

三、知识产权保护为共享生活提供活力源泉

共享生活方式包括共享汽车、共享电瓶车、共享单车、共享充电宝、

共享雨伞等，技术创新与商业模式创新是共享生活种类不断丰富的关键。共享经济的市场环境需要企业加速技术创新，提高供给体系质量以满足市场多样化的消费需求，加强核心专利布局，加快专利技术的新产品开发力度，迎合不断升级的消费需求，为共享生活提供活力源泉。研究商业模式创新的知识产权保护，研究互联网、电子商务、大数据等新业态新领域的知识产权保护，通过"区块链"等技术手段增强知识产权保护，为共享生活的不断繁荣提供活力源泉。

新发展格局下知识产权保护促进经济高质量发展的实证检验

第一节 引 言

党的十九大报告指出我国经济已转向高质量发展阶段。高质量发展是能体现创新、协调、绿色、开放、共享新发展理念的发展，是能更好满足人民对美好生活向往的发展。新发展理念是新时代对高质量发展的本质要求，也是高质量发展实现与否的评价准则（金碚，2018）。创新是经济高质量发展的第一动力，从要素和投资驱动转向创新驱动，要实现经济高质量发展的动力变革，以创新支撑引领高质量发展。协调是经济高质量发展的重要标尺，是解决发展的不平衡不充分问题的必由之路。绿色是经济高质量发展的重要体现，是民生福祉的基本保障，实现人与自然和谐共生是可持续发展的重要基础。开放是经济高质量发展的必由之路，以高水平开放驱动国内国际双循环，实现经济高质量发展。共享是经济高质量发展的必然要求，促进公平公正，实现改革发展成果由人民共享是社会主义的本质要求。贯彻新发展理念需要制度保障，知识产权保护作为重要的制度安排，对创新发展、协调发展、绿色发展、开放发展、共享发展有何影响？其中的作用机制是怎样的？我国区域间的经济发展水平、实际知识产权保护水平存在差异，这种影响有无区域异质性？有无空间溢出性？是否存在门槛效应？要科学回答好这些问题，必须展开严谨的理论分析以及规范的实证检验。

自党的十九大首次提出经济高质量发展以来，学者们围绕经济高质量发展内涵、指标评价及测度展开了研究，取得了很多有益成果。部分学者用单一的核心指标测度经济高质量发展，包括全要素生产率或者绿色全要素生产率（Mei and Chen，2016；余泳泽等，2019；湛泳和李珊，2022）、增加值率（范金等，2017）、劳动生产率（陈诗一和陈登科，2018）等。另外一部分学者认为经济高质量发展的重要特征是多维性，需要多方面指标的综合考量，单一指标存在一定的局限性与片面性，很难全面刻画经济的高质量发展，面向新时代应构建经济高质量发展水平综合指标测度体系（魏敏和李书昊，2018；杨耀武和张平，2021），陈景华等（2020）从创新性、开放性、共享性、协调性及可持续性五个子系统构建了评价指标体系，陈冲和吴炜聪（2019）基于经济的动力机制、结构优化、系统稳定、绿色发展和福利共享五个维度构建评价体系，已有研究虽然从不同维度、不同系统构建指标体系，具体指标有所差别，但与从五大发展理念维度构建的指标体系均有相似之处。

知识产权保护与经济增长的研究一直是国内外学者关注的热点问题，已经取得了比较丰硕的成果，研究观点概括为三种：一是促进论，认为知识产权保护是经济增长的重要决定因素，能够通过促进研发投入、技术创新，刺激经济增长（Gould and Gruben，1996；吴凯等，2010；赵喜仓和张大鹏，2018）；二是抑制论，认为加强知识产权保护会增加行业垄断，阻碍技术扩散和技术转移，对经济增长产生负面影响，不利于经济增长（Furukawa，2007；Puga and Trefler，2010），会恶化发展中国家的社会福利（顾振华和沈瑶，2015）；三是非线性论，认为知识产权保护与经济增长呈现非线性关系，存在"倒 U 型"关系（Horri and Iwaisako，2007），董雪兵等（2012）研究指出对于转型期的中国，短期内弱化知识产权保护能有效刺激经济增长，但从长期来看，增强知识产权保护能促进经济增长。知识产权保护并不是越强越好，适度的知识产权保护水平最有利于全球经济增长（杨轶波，2018）。但是，目前直接研究知识产权保护与经济高质量发展的文献还不多，王桂梅等（2021）从技术进步路径分析了知识产权保护对经济高质量发展的影响机制，采用面板分位数回归模型实证检验影响效应，研究结论表明知识产权保护对经济高质量发展具有促进作用，但存在区域异质性。万伦来和陈永瑞（2021）从技术创新、人力资本和产业结构升级三个维度，分析知识产权保护与经济高质量发展之间的内在经济逻辑，得出具有激励效应但存在区域异质性的结论。

现有文献为本章提供了有益借鉴，但还有进一步补充和完善之处：第一，已有研究较多关注知识产权保护与经济增长的关联，对知识产权保护如何影响经济高质量发展的研究较为不足，相关实证研究也有待进一步完善；第二，知识产权保护对经济高质量发展产生影响的作用路径，从创新、协调、绿色、开放、共享五个维度看，具体是依赖哪条路径或哪些路径？第三，知识产权保护对经济高质量发展的影响是否存在区域异质性？是否具有门槛特征？鉴于此，本章基于 2004～2019 年中国的省际面板数据，深入分析知识产权保护对经济高质量发展的影响及其作用路径并加以实证检验，为知识产权保护与经济高质量发展的理论与实证研究做出边际贡献。

第二节　理论机制与研究假设

内生经济增长理论指出内生的技术进步是经济持续增长的决定因素，因此，技术进步对经济高质量发展至关重要。技术进步的主要路径有技术创新、技术扩散、技术转移三种，知识产权保护与三种路径有着密切关系。第一，加强知识产权保护有利于技术创新。"保护知识产权就是保护创新"这一重要论断深刻揭示了知识产权保护与技术创新之间的融合共生关系。知识产权保护制度能保障创新者的合法权益，能有效配置创新资源，避免重复创新带来的资源浪费。第二，加强知识产权保护有利于技术扩散。FDI 和进口贸易是重要的技术外溢渠道。加强知识产权保护能引入外商直接投资的研发环节和高技术生产环节，产生技术溢出和扩散效应。加强知识产权保护可以减少高技术产品输出国对技术剽窃的担忧，进而促进高技术的最终产品以及中间产品的进口，产生技术溢出和扩散效应。第三，加强知识产权保护有利于技术转移与引进。加强知识产权保护有效推进了专利权许可贸易、专利技术的交易，通过技术引进消化吸收再创新，推进了技术进步。由此，提出研究假设 1。

假设 1：加强知识产权保护，对经济高质量发展呈现正的显著影响。

中国省份众多，东部、中西部地区的经济发展水平、技术发展水平、创新要素集聚程度尚有一定差距，不同区域的实际知识产权保护水平也不一样，加强知识产权保护对各区域经济高质量发展的影响势必也会有所差别。东部地区的经济发展水平更高，知识产权保护的制度建设更为健全，知识产权保护的执法力度更强，因此强化知识产权保护对经济高质量发展的促进作用更为明显。

知识产权保护对经济高质量发展的影响不仅与各地区经济发展水平、知识产权实际保护水平等因素相关，也会因各地区知识产权创造、知识产权运用情况的不同而异。当专利等知识产权创造数量较高时，加强知识产权保护能更大程度地优化创新环境，激励各领域的创新行为，促进经济高质量发展；当知识产权创造数量较低时，较强的知识产权保护可能会因加大知识扩散、技术传播的成本，使知识产权保护对经济高质量发展的促进效应处于较低水平。当知识产权运用发展水平较高，技术市场交易活跃，交易数量和交易金额较大时，强化知识产权保护能有效刺激科技创新，加快创新成果转化应用，驱动经济高质量发展。当知识产权运用水平较低时，由于创新成果的转化和利用率不高，强化知识产权保护难以使创新价值有效实现，加强知识产权保护对经济高质量发展的积极影响发挥不够充分。由此，提出研究假设 2 和假设 3。

假设 2：知识产权保护对经济高质量发展的影响存在区域异质性。

假设 3：由于各地区知识产权创造、知识产权运用发展水平不同，知识产权保护对经济高质量发展的影响可能存在门槛效应。

经济高质量发展是创新、协调、绿色、开放、共享的发展，知识产权保护作为重要的制度安排，与五个维度的发展都有紧密关系。第一，知识产权保护为创新发展提供制度保障。知识产权保护是激发全社会创新活力和打造良好创新生态的根本手段，是营造公平竞争的创新和营商环境的重要保障，是促进创新成果产业化产品化的有效途径，是推动构建新发展格局、建设创新型国家的应有之义。第二，知识产权保护为协调发展提供能力基础。城乡协调发展、区域协调发展过程中需要创新要素高效流动，知识产权保护能为创新要素自主有序流动"保驾护航"。第三，知识产权保护为绿色发展提供动力引擎。生态优先，知识产权保护下的绿色技术创新体系赋能传统产业升级改造、绿色新兴产业的快速兴起。知识产权保护促进绿色产业发展，降低经济发展对生态环境的负向影响，促进人与自然和谐共生，使绿色发展成为经济高质量发展的重要体现。第四，知识产权保护为开放发展提供有力支撑。知识产权保护一直是国际经贸谈判中的重要议题，加强知识产权保护国际合作、对标国际标准完善知识产权保护制度、共同推动知识产权国际治理体系的完善是实现高水平对外开放的必然要求，同时，加强知识产权保护，激励和倒逼国内企业自主创新，为高水平开放提供实力支撑。第五，知识产权保护为共享发展提供活力源泉。处理好资源共享中的知识产权侵权隐患才能为共享发展提供源源不断的动力源，加大信息资源、网络资源、数字资源等共享过程中的知识产权保护，加大新业态、新商业模式等新形态创新成果的知识产权保护才能保障共享发展的持续推进，由此，提出研究假设4。

假设4：知识产权保护对创新发展、协调发展、绿色发展、开放发展、共享发展的五个分维度呈现正的显著影响，但影响程度具有差异性。知识产权保护对经济高质量发展的积极影响必须通过促进创新发展、协调发展、绿色发展、开放发展、共享发展的路径实现。

第三节　模型设定与数据说明

一、计量模型的设定

$$hqe_{it} = \alpha_0 + \alpha_1 ipp_{it} + \alpha_2 C_{it} + \varphi_i + \mu_t + \varepsilon_{it} \tag{4.1}$$

模型（4.1）中的 i 和 t 分别表示地区截面单位和年份，ipp 代表各地区的知识产权保护水平，hqe 表示经济高质量发展，C 表示控制变量，α_0 代表常数项，α_1、α_2 表示各变量的系数，φ_i、μ_t 表示地区效应和时间效应，ε 是随机扰动项。

二、变量与数据说明

（1）被解释变量：经济高质量发展（hqe）。从"创新、协调、绿色、开放、共享"五大新发展理念出发，对经济高质量发展进行综合测度，具体测算指标与方法见第二章。并参考陈诗一和陈登科（2018），以人均实际 GDP（pgdp）衡量经济高质量发展，进行稳健性检验。

（2）解释变量：知识产权保护（ipp）。参考吉纳特和帕克（Ginarte and Park，1997）、韩玉雄和李怀祖（2005），知识产权保护实际水平由知识产权保护的立法水平和执法水平相乘而得，其中立法水平的测算考虑了知识产权保护覆盖范围、是否为国际条约成员、权力丧失的保护、执法机制和保护期限，执法水平的测算考虑了执法力度、社会法制化水平、社会知识产权保护意识、经济发展水平、法律体系完备程度和国际监督制衡机制。具体的度量指标测算方法参考关成华等（2018）。为保证回归结果的可靠性，采用技术市场实际成交额衡量知识产权保护水平，进行稳健性检验。

（3）控制变量：结合已有研究，选取了一组省份特征变量，以减少模型估计的遗漏变量偏误。具体包括：人力资本（hc），以平均受教育年限度量，测度方法参考詹新宇（2012）；政府参与度（gov），采用一般公共预算支出占地区 GDP 的比重表示；金融发展（fina），以金融机构贷存比表示；基础设施（infra），以每一千平方千米的标准公路里程数度量，测算方法参考姚树洁和韦开蕾（2007）；固定资产投资（fainv），采用固定资产投资占 GDP 的比重度量；财政自给率（self），以一般公共预算收入与一般公共预算支出的比例度量。

受数据可获得性的限制，本章采用 2004～2019 年中国 30 个省（市、自治区）的面板数据，未包括香港地区、澳门地区、台湾地区和西藏自治区，数据来源于《中国统计年鉴》、中国经济金融研究数据库、EPS 数据库，以及各省市的地方统计年鉴，少量缺失数据采用插值法或均值法补齐。所有数据以 2004 年为基期，并进行对数处理。变量说明、描述性统计如表 4－1、表 4－2 所示。

表 4－1 变量说明

变量符号	变量名称	变量定义	单位
被解释变量			
hqe	经济高质量发展	创新、协调、绿色、开放、共享五个维度，取对数	
hqe_inv	创新发展	由创新投入、创新产出两个子指标构成，取对数	
hqe_har	协调发展	由区域协调、城乡协调、产业协调、投资消费协调四个子指标构成，取对数	
hqe_gre	绿色发展	由绿色生产、绿色生活两个子指标构成，取对数	
hqe_open	开放发展	包含贸易开放、投资开放，取对数	
hqe_sha	共享发展	由产出共享、福利共享两个子指标构成，取对数	

变量符号	变量名称	变量定义	单位
pgdp	经济高质量发展（稳健性检验）	人均实际 GDP，平减，取对数	元
解释变量			
ipp	知识产权保护	知识产权保护立法水平与执法水平的乘积，取对数	
tecm	知识产权保护（稳健性检验）	技术市场实际成交额，平减，取对数	亿元
控制变量			
hc	人力资本	平均受教育年限，取对数	年
gov	政府参与度	一般公共预算支出占地区 GDP 的比重，取对数	%
fina	金融发展	金融机构贷存比，取对数	
infra	基础设施	每千平方千米的标准公路里程数，取对数	千米
fainv	固定资产投资	固定资产投资占 GDP 比重，取对数	%
self	财政自给率	一般公共预算收入与一般公共预算支出的比例，取对数	
门槛变量			
pat	知识产权创造	专利申请量，取对数	件
tecm	知识产权运用	技术市场实际成交额，平减，取对数	亿元

表 4 – 2　　　　　　　　　　**变量的描述性统计量**

变量	均值	中位数	最大值	最小值	标准差	样本量（个）
hqe	− 1.632	− 1.64	− 0.326	− 2.88	0.494	480
hqe_inv	− 3.42	− 3.513	− 1.185	− 5.975	0.836	480
hqe_har	− 2.89	− 2.906	− 1.782	− 4.181	0.407	480
hqe_gre	− 3.291	− 3.257	− 2.692	− 4.767	0.378	480
hqe_open	− 3.9	− 3.965	− 2.07	− 8.951	0.941	480

续表

变量	均值	中位数	最大值	最小值	标准差	样本量（个）
hqe_sha	-3.461	-3.291	-1.557	-7.351	0.93	480
ipp	1.112	1.114	1.509	0.712	0.158	480
tecm	3.72	3.738	8.155	-1.669	1.85	480
pgdp	10.164	10.195	11.667	8.346	0.644	480
pat	9.907	10.022	13.602	4.82	1.655	480
hc	2.166	2.167	2.54	1.853	0.114	480
gov	2.998	3.01	4.141	2.069	0.408	480
fina	-0.261	-0.275	0.801	-0.786	0.229	480
infra	6.608	6.812	7.928	3.827	0.82	480
fainv	4.155	4.205	4.997	3.044	0.387	480
self	3.858	3.816	4.555	2.696	0.387	480

第四节　实证结果与分析

一、基准检验

本章的实证分析采用控制了时间固定因素和地区固定因素的双固定效应模型。表4-3的模型（1）和模型（2）汇报了全样本基准检验的结果，模型（1）只包含了被解释变量，模型（2）中加入了所有控制变量。回归结果显示，无论是否加入控制变量，知识产权保护的系数均在1%的水平上显著为正，表明知识产权保护的加强对经济高质量发展具有积极的促进作用，假说1得到验证。控制变量中，政府参与程度的系数在5%的水平上显著为正，表明政府公共预算支出的增加对经济高质量发展发挥了支持作用。基础设施和固定资产投资的系数在1%的水平上显著为正，表明交通基础设施的完善和固定资产投资规模的增加有助于经济高质量发展。

表 4 – 3   基准检验和稳健性检验

变量	基准检验		稳健性检验	
	（1）	（2）	（3）	（4）
ipp	0. 442 *** (6. 162)	0. 259 *** (4. 002)	—	0. 237 *** (4. 437)
hc	—	0. 240 (1. 213)	0. 342 * (1. 898)	0. 618 *** (4. 351)
gov	—	0. 135 ** (2. 066)	0. 114 * (1. 865)	− 0. 202 *** (−5. 071)
fina	—	0. 014 (0. 458)	0. 011 (0. 381)	− 0. 028 (−1. 422)
infra	—	0. 224 *** (3. 974)	0. 232 *** (4. 343)	0. 215 *** (5. 591)
fainv	—	0. 174 *** (7. 742)	0. 171 *** (8. 765)	0. 174 *** (8. 524)
self	—	− 0. 037 (−0. 559)	− 0. 033 (−0. 513)	0. 149 *** (2. 662)
tecm	—	—	0. 057 *** (8. 072)	—
_cons	− 2. 124 *** (−26. 502)	− 4. 902 *** (−7. 037)	− 5. 035 *** (−7. 840)	6. 444 *** (13. 914)
地区效应	Yes	Yes	Yes	Yes
时间效应	Yes	Yes	Yes	Yes
adj. R – sq	0. 965	0. 974	0. 977	0. 992
N	480	480	480	480

注： *** 、 ** 、 * 分别表示在 1% 、5% 和 10% 水平通过显著性检验；括号中的数值为 t 值。

二、稳健性检验

本章进行了两方面的稳健性检验。第一，替换解释变量。将知识产权保护的代理变量替换成技术市场成交额，估计结果见表 4 - 3 的模型（3）。第二，替换被解释变量。将经济高质量发展的代理变量替换成人均实际 GDP，回归结果见表 4 - 3 的模型（4）。从稳健性检验的结果看，模型（3）的技术市场成交额和模型（4）的知识产权保护的系数均在 1% 的水平上显著为正，表明基准检验的结果是稳健可靠的，加强知识产权保护，能推动经济高质量发展。

三、内生性检验

由于知识产权保护与经济高质量发展之间可能存在双向因果关系，模型会有潜在的内生性问题。为一定程度上克服内生性问题，进行如下内生性检验：第一，采用知识产权保护的滞后项作为解释变量。表 4 - 4 的模型（1）和模型（2）分别是知识产权保护滞后一期、滞后二期的回归结果，滞后项的系数均在 1% 的水平上显著为正，表明知识产权保护对经济高质量发展的促进作用具有一定的滞后效应，考虑了内生性问题后，知识产权保护对经济高质量发展的促进效应依然显著。第二，面板工具变量法。为知识产权保护设置工具变量，以第 $t-1$ 年和第 $t-2$ 年的专利申请数量作为第 t 年的知识产权保护的工具变量，为保证内生性检验的稳健性，以第 $t-1$ 年和第 $t-2$ 年专利授权数量作为工具变量进行再次检验。表 4 - 4 的模型（3）和模型（4）分别为以专利申请数量、专利授权数量为工具变量的回归结果，知识产权保护的系数仍然在 1% 的水平上显著为正，Anderson-canon LM 检验在 1% 水平上显著拒绝工具变量识别不足的原假设，Cragg-Donald Wald 的 F 统计量大于 Stock-Yogo 检验在 10% 水平上的临界值，拒绝弱工具变量的原假设，Hansen 检验表明模型不存在过度识别问题，回归结果再次验证知识产权保护对经济高质量发展的促进作用是显著且稳健的。

表 4 - 4   内生性检验

变量	内生性检验			
	（1）	（2）	（3）	（4）
ipp	—	—	0. 807 *** （5. 012）	0. 736 *** （3. 651）
l. ipp	0. 212 *** （3. 393）	—	—	—
l2. ipp	—	0. 216 *** （3. 315）	—	—
hc	0. 504 *** （2. 662）	0. 562 *** （2. 767）	0. 067 （0. 287）	0. 108 （0. 455）
gov	0. 141 ** （2. 131）	0. 159 ** （2. 274）	0. 171 *** （3. 023）	0. 165 *** （2. 938）
fina	0. 020 （0. 639）	0. 021 （0. 659）	0. 074 ** （2. 203）	0. 068 ** （1. 993）
infra	0. 216 *** （3. 507）	0. 167 （1. 604）	0. 193 ** （2. 561）	0. 192 *** （2. 613）
fainv	0. 184 *** （8. 631）	0. 192 *** （8. 815）	0. 133 *** （4. 937）	0. 139 *** （4. 864）
self	− 0. 031 （ − 0. 441）	− 0. 005 （ − 0. 065）	− 0. 122 * （ − 1. 705）	− 0. 114 （ − 1. 603）
_cons	− 5. 442 *** （ − 7. 761）	− 5. 424 *** （ − 6. 191）	—	—
地区效应	Yes	Yes	Yes	Yes
时间效应	Yes	Yes	Yes	Yes
adj. R - sq	0. 976	0. 976	0. 897	0. 902
N	450	420	420	420

　　注：***、**、*分别表示在1%、5%和10%水平通过显著性检验；括号中的数值为 t 值或 z 值。

四、分时段和分区域检验

首先将全样本划分为 2004～2014 年和 2013～2019 年两个时间段进行回归估计，以检验知识产权保护对经济高质量发展的促进效应是否会随着时间推移而有所改变。表 4－5 的模型（1）和模型（2）分别为对应上述两个时间段的回归结果，比较后发现，随着我国知识产权保护实际水平的不断提升，其对经济高质量发展的推动作用也有所增强。

接着将全样本划分为东部、中部、西部地区，检验知识产权保护对经济高质量发展的影响是否具有区域异质性。表 4－5 的模型（3）、模型（4）分别为东部、中西部地区的回归结果。结果显示，东部、中西部地区的知识产权保护系数都显著为正，但东部地区的知识产权保护回归系数更大，且显著性更强。东部地区的经济发展水平更高，知识产权保护的法律法规更为完善，行政保护和司法保护也更为健全，因此加强知识产权保护对东部地区经济高质量发展有显著的促进作用。中西部地区的知识产权保护实际水平和知识产权转化应用能力与东部地区相比较为薄弱，因此知识产权保护对经济高质量发展的促进效应弱于东部地区。假设 2 得到验证。

表 4－5　　　　　　　　分时段、分区域检验和空间检验

变量	分时段		分区域		空间检验	
	（1）	（2）	（3）	（4）	（5）	（6）
ipp	0.101 * （1.685）	0.162 ** （2.120）	0.259 ** （2.231）	0.113 * （1.851）	0.256 ** （2.334）	0.242 ** （2.150）
hc	0.485 *** （2.621）	－ 0.663 *** （－ 2.708）	－ 0.688 ** （－ 2.109）	0.346 （1.647）	0.168 （0.591）	0.191 （0.676）
gov	0.049 （0.621）	0.297 *** （5.522）	0.309 *** （3.299）	0.236 *** （3.165）	0.129 （1.113）	0.113 （0.916）
fina	－ 0.337 *** （－ 4.200）	0.025 （1.013）	0.028 （1.043）	－ 0.017 （－ 0.345）	0.010 （0.327）	0.007 （0.217）

续表

变量	分时段		分区域		空间检验	
	(1)	(2)	(3)	(4)	(5)	(6)
infra	0.158 *** (3.530)	0.136 (1.116)	0.049 (0.806)	0.252 *** (3.514)	0.205 ** (2.457)	0.207 ** (2.384)
fainv	0.209 *** (5.193)	0.125 *** (7.188)	0.025 (0.629)	0.197 *** (9.106)	0.175 *** (6.190)	0.181 *** (6.172)
self	0.043 (0.621)	-0.146 ** (-2.000)	-0.055 (-0.416)	0.034 (0.506)	-0.036 (-0.311)	-0.032 (-0.279)
_cons	-5.226 *** (-8.432)	-1.940 * (-1.862)	-1.022 (-0.881)	-6.014 *** (-8.194)	—	—
ρ/λ	—	—	—	—	0.421 *** (2.909)	0.381 *** (2.695)
地区效应	Yes	Yes	Yes	Yes	Yes	Yes
时间效应	Yes	Yes	Yes	Yes	Yes	Yes
adj. R - sq	0.982	0.986	0.984	0.962	0.843	0.823
Log - L					567.5609	565.6154
N	330	210	160	320	480	480

注：*** 、** 、* 分别表示在1%、5%和10%水平通过显著性检验；括号中的数值为 t 值。

五、空间模型检验

我国各省市之间的知识产权保护、经济高质量发展可能存在着不同程度的相互影响，因此采用空间面板模型进行实证分析，考察在控制了空间相关性后，知识产权保护如何影响经济高质量发展。首先对知识产权保护和经济高质量发展进行全局空间自相关检验，采用地理距离权重矩阵作为空间权重矩阵，以各省会城市之间的最短距离的倒数表示，检验结果如表 4 - 6 所示。样本期内，除 2019 年知识产权保护的 Moran 指数外，其余各年的知识产权保护、经济高质量发展的 Moran 指数都显著为正，表明各省份的知识产权保护、经济高质量发展都存在空间正相关性，呈现高—高型集聚和低—低型集聚的分布特征。本章采用空间滞后模型（SAR）和空间误差模型（SEM）进行空间模型检验，回归结果依次为表 4 - 5 的模型（5）和模型（6），回归结果中的空间溢出系数分别为 0. 421 和 0. 381，均通过了 1% 显著性水平上的检验，再次验证了经济高质量发展存在明显的空间依赖性，邻近地区的经济高质量发展水平较高时，本区域的经济高质量发展水平也较高。从知识产权保护的回归系数看，空间面板模型中的系数与普通面板模型的系数值相近，且均显著为正，表明考虑空间外溢效应的情况下，知识产权保护对经济高质量发展仍具有积极的正向影响。

表 4 - 6　　　　　2004～2019 年经济高质量发展、知识产权保护的
全局 Moran's I 指数

年份	ipp	hqe	年份	ipp	hqe
2004	0. 066 ***	0. 096 ***	2012	0. 065 ***	0. 129 ***
2005	0. 043 ***	0. 115 ***	2013	0. 029 **	0. 126 ***
2006	0. 068 ***	0. 121 ***	2014	0. 065 ***	0. 122 ***
2007	0. 104 ***	0. 126 ***	2015	0. 060 ***	0. 115 ***
2008	0. 099 ***	0. 123 ***	2016	0. 041 ***	0. 111 ***
2009	0. 079 ***	0. 124 ***	2017	0. 036 **	0. 108 ***
2010	0. 041 ***	0. 125 ***	2018	0. 036 **	0. 105 ***
2011	0. 059 ***	0. 127 ***	2019	0. 011	0. 135 ***

注：*** 、** 、* 分别表示在 1% 、5% 和 10% 水平通过显著性检验。

六、影响路径检验

上文的检验结果证明，强化知识产权保护能有效促进经济高质量发展，基于此，进一步对知识产权保护影响经济高质量发展的作用路径进行分析。表 4 - 7 的模型（1）~模型（5）分别以创新发展、协调发展、绿色发展、开放发展和共享发展为被解释变量，回归结果中所有模型的知识产权保护系数都显著为正，知识产权保护实际水平每增加 1% ，创新发展、

协调发展、绿色发展、开放发展和共享发展分别增加 0.507%、0.155%、0.154%、1.258%、0.598%。知识产权保护对经济高质量发展的五个维度均呈现出正向影响，即知识产权保护通过推动创新发展、协调发展、绿色发展、开放发展和共享发展，实现了对经济高质量发展的促进效应。从五个维度的影响系数看，加强知识产权保护对开放发展的影响最大，其次为共享发展和创新发展，对协调发展和绿色发展的促进作用相对较小。假设4 得到了验证。

表 4 – 7　　　　　　　　　　　　影响路径检验

变量	(1)	(2)	(3)	(4)	(5)
	hqe_inv	hqe_har	hqe_gre	hqe_ope	hqe_sha
ipp	0.507 **	0.155 **	0.154 **	1.258 ***	0.598 ***
	(2.355)	(2.369)	(2.237)	(3.363)	(4.506)
hc	0.523	0.600 **	0.197	− 1.733 *	− 0.351
	(0.725)	(2.151)	(0.855)	(− 1.686)	(− 0.693)
gov	− 0.149	− 0.021	0.052	0.271	0.560 ***
	(− 0.690)	(− 0.348)	(0.844)	(1.121)	(5.853)
fina	− 0.158	0.073 **	0.064 *	0.242	− 0.034
	(− 1.541)	(2.083)	(1.745)	(0.979)	(− 0.645)
infra	0.029	0.224 ***	0.194 ***	− 0.335	0.772 ***
	(0.126)	(2.766)	(3.272)	(− 1.388)	(4.295)
fainv	0.155 **	0.331 ***	− 0.078 **	0.026	0.269 ***
	(2.052)	(10.351)	(− 2.469)	(0.212)	(4.897)
self	0.044	− 0.116 *	0.128 *	0.452 *	− 0.309 ***
	(0.181)	(− 1.700)	(1.725)	(1.690)	(− 2.614)
_cons	− 5.714 **	− 6.683 ***	− 5.477 ***	− 1.929	− 10.078 ***
	(− 2.544)	(− 9.261)	(− 7.004)	(− 0.664)	(− 7.894)
地区效应	Yes	Yes	Yes	Yes	Yes
时间效应	Yes	Yes	Yes	Yes	Yes
adj. R – sq	0.900	0.946	0.936	0.834	0.972
N	480	480	480	480	480

注：*** 、** 、* 分别表示在1% 、5% 和10% 水平通过显著性检验；括号中的数值为 t 值。

七、拓展性分析

分区域检验的结果表明，知识产权保护对经济高质量发展的正向影响存在地区异质性，这源于我国各地区知识产权发展的不均衡性，知识产权保护对经济高质量发展的影响可能会因各地区知识产权创造、运用发展状况的不同而异。这意味着知识产权保护对经济高质量发展的推动作用可能存在一定的"门槛特征"，即当知识产权创造、知识产权运用达到一定的水平时，知识产权保护对经济高质量的促进效应会逐渐增强。文中分别以专利申请量、技术市场成交额作为知识产权创造、知识产权运用的代理变量，为检验门槛效应是否存在，以专利申请量、技术市场实际成交额作为门槛变量，设定如下双固定效应面板门槛模型：

$$\text{hqe}_{it} = \beta_0 + \beta_1 \text{ipp}_{it} I(g_{it} \leq \gamma) + \beta_2 \text{ipp}_{it} I(g_{it} > \gamma) < + \beta_3 C_{it} + \varphi_i + \mu_t + \varepsilon_{it}$$

$$(4.2)$$

模型（4.2）中 g_{it} 表示门槛变量，γ 是门槛值，$I(\cdot)$ 为指示性函数。当专利申请量（pat）或技术市场实际成交额（tecm）满足括号内条件时，$I=1$，否则，$I=0$。β_1 和 β_2 表示不同的知识产权创造、知识产权运用水平下知识产权保护的系数。因门槛检验中可能存在多门槛的情况，进一步设立如下双门槛模型：

$$\text{hqe}_{it} = \beta_0 + \beta_1 \text{ipp}_{it} I(g_{it} \leq \gamma_1) + \beta_2 \text{ipp}_{it} I(\gamma_1 < g_{it} \leq \gamma_2)$$
$$+ \beta_3 \text{ipp}_{it} I(g_{it} > \gamma_3) + \beta_4 C_{it} + \varphi_i + \mu_t + \varepsilon_{it} \qquad (4.3)$$

表4-8是以专利申请量（pat）、技术市场实际成交额（tecm）为门槛变量的门槛显著性检验、门槛估计值和置信区间。检验结果显示，pat 仅存在一个门槛值，tecm 存在两个门槛值。表4-9为面板门槛检验的系数估计结果。当专利申请量小于门槛值 8.8901 时，知识产权保护的系数值为0.1555，越过门槛值后，系数值增加至 0.2360。当技术市场实际成交额小于第一个门槛值 2.1021 时，知识产权保护的系数值为 0.1066；当技术市场实际成交额介于 2.1021 和 3.3918 之间时，知识产权保护系数值为 0.2；

当技术市场实际成交额跨过第二个门槛值时，知识产权保护的系数上升至0.2834。门槛检验的结果证明，知识产权保护对经济高质量发展的影响受各地知识产权发展水平的影响，随着知识产权创造、运用规模的壮大和质量的提升，知识产权保护促进经济高质量发展的作用逐渐增强。假设3得到验证。

表4－8　　　　　　　　　　门槛效应估计与检验结果

门槛变量	门槛数	F值	P值	1%	5%	10%	门槛值	95%的置信区间
pat	单一	39.04	0.0767	55.4950	41.9118	36.7322	8.8901	[8.8294，8.9224]
	双重	16.29	0.4567	48.9206	36.1402	30.5694		
tecm	单一	63.31	0.0033	51.9572	41.4485	33.8087	3.3918	[3.2882，3.3927]
	双重	34.28	0.0767	52.0128	38.3746	31.0507	2.1021	[1.9907，2.1076]
	三重	10.68	0.7433	64.2981	43.8058	33.6501	3.3918	[3.2952，3.3927]

注：表中的F值、P值、临界值及95%的置信区间均为采用Bootstrap方法反复抽样300次所得结果；***、**、*分表示在1%、5%和10%的水平上显著。

表4－9　　　　　　　　　　门槛值、参数估计值

门槛变量		参数估计值	t值	P值
pat	第一区间	0.1555***	2.63	0.009
	第二区间	0.2360***	4.18	0.000
tecm	第一区间	0.1066*	1.92	0.056
	第二区间	0.2000***	3.57	0.000
	第三区间	0.2834***	5.27	0.000

第五节　研究结论及启示

本章结合2004～2019年中国30个省（市、自治区）的面板数据，实证检验了知识产权保护对经济高质量发展的影响。研究发现：第一，加强

知识产权保护能有效促进经济高质量发展；第二，提升知识产权保护水平对东部、中西部地区的经济高质量发展均有积极的正向影响，相较而言，其在东部地区所发挥的作用更强且更显著；第三，从具体的影响路径看，知识产权保护对经济高质量发展的促进效应通过推进创新发展、协调发展、绿色发展、开放发展、共享发展的途径实现，但不同维度所产生的影响存在差异；第四，知识产权保护对经济高质量发展的影响因各地区知识产权创造、知识产权运用情况的不同而存在差异，随着知识产权创造和运用发展水平的提升，知识产权保护对于经济高质量发展的促进作用不断增强。

上述研究结论对从知识产权保护角度探求经济高质量发展的实现路径具有一定的启发意义。首先，本章发现知识产权保护在样本期总体和不同时间段都显著促进了经济高质量发展，因此需持续健全知识产权保护制度，不断提高知识产权保护强度，为经济高质量发展提供知识产权保障。其次，知识产权保护通过推进创新发展、协调发展、绿色发展、开放发展、共享发展的途径实现经济高质量发展，其中开放发展路径的促进作用最大。因此，需深入贯彻新发展理念，通过强化知识产权保护，加快推进创新驱动发展，实现区域协调、城乡协调、产业协调和投资消费协调，加强绿色知识产权保护，助力绿色发展，坚持高水平对外开放，促进共享发展，实现全面推进经济高质量发展。

第五章

知识产权保护的技术创新效应：
"量变"抑或"质变"

第一节　引　言

　　党的十八大以来，党中央高度重视知识产权保护工作，在 2019 年 11 月印发的《关于强化知识产权保护的意见》中，对新时代如何强化知识产权保护作了科学系统的谋划，对现有的知识产权保护体系作了深入完善。从实践成效看，截至 2020 年底，中国发明专利有效量为 227.9 万件、实用新型专利有效量为 689.6 万件、外观设计专利有效量为 206.2 万件，中国的发明专利申请量已经连续 10 年位列世界第一。与此同时，根据世界知识产权组织最新发布的《2020 全球创新指数》，中国已由 2013 年的全球创新指数排名第 35 位上升至第 14 位。数量可观的全国专利申请量及迅速上升的全球创新指数排名，揭示了不断加强的知识产权保护已取得了显著创新成效。

　　但值得注意的是，与一直位居全球创新前列的瑞士、瑞典、美国等国家相比，中国的创新指数仍相对较低，存在创新质量不高的问题。有学者指出技术创新质量提升的不确定性可能就来源于知识产权保护（陈战光等，2020），过度的知识产权保护可能会抑制技术创新发展（Shapiro，2001）。因此，在双循环新发展格局下，为更有效地促进技术创新及制造业高质量发展，如何有效提升知识产权保护对技术创新水平的促进作用变得十分关键。据此，有必要围绕以下问题进行分析：当前中国知识产权保护对技术创新数量和质量的影响到底如何？具体影响机制是怎样的？该影响是否存在区域非均质性？在某一特定门槛下，上述影响差异是否依然存在？

国内外学者围绕以上问题已做了一些有益探索，并取得较为丰富的成果。但就知识产权保护对技术创新的影响而言，一直有不同研究观点。部分学者认为知识产权保护激励技术创新，两者之间存在显著正相关性（吴超鹏和唐菂，2016；邢斐和周泰云，2020），加强知识产权保护将提升全球技术创新速度（Yang and Maskus，2001）。也有一些学者认为知识产权保护与技术创新之间相关性很小，甚至存在负相关性（Lee and Kamal，2011），知识产权强保护会成为发达国家保护技术垄断的利益诉求（孙玉红等，2020），不利于技术扩散和技术溢出。更有学者认为知识产权保护与技术创新之间是倒"U"型关系（刘思明等，2015），并非简单线性关系。更进一步，有研究认为中国专利成果的快速增长并不与知识产权保护水平的提高相关，更多的是由政府政策激励引致的（张杰，2019），但专利资助和奖励政策仅能在一定程度上提高发明专利的申请数量，对发明专利质量同样具有一定的抑制效应（Dang and Motohashi，2015），尤其是在欠发达地区，颠覆性技术因其研发投入更高、不确定性更强而关注度不高，知识产权保护更加会促进实用新型、外观专利的研发与申请（金培振等，2019），政策红利刺激下的创新具有一定的短视性和功利性。

综上，已有研究成果虽然丰富，但还存在需要进一步补充和完善之处：第一，在以往知识产权保护对技术创新的影响分析中，很少有将知识产权保护与技术创新数量、技术创新质量三者纳入统一分析框架的研究，创新数量与创新质量是相辅相成的，创新质量的提升是个渐进过程，创新会经历量变到质变的过程，尤其对于发展中国家而言（蔡绍洪和俞立平，2017），故而，将三者纳入同一框架下研究更具全面性。第二，区域实际知识产权保护水平、经济发展水平、技术发展阶段等存在一定差异性，已有研究在探讨知识产权保护对技术创新数量和质量的影响时，缺少对区域差异性问题的深入分析。第三，已有文献主要涉及知识产权保护与技术创新间的线性关系分析，鲜有实证探讨知识产权保护可能会在某一特定门槛下对技术创新数量、质量产生非线性影响。实际上，一个地区技术创新市场的活跃度不仅会直接影响地区技术创新企业的竞争活力及创新动力，亦会影响该地区对知识产权保护力度的需求，从而间接影响该地区技术创新成果的数量及质量。鉴于当技术创新市场活跃度处于不同水平时，不同区域的知识产权保护对技术创新的影响可能存在差异，本章将使用门槛效应模型对这些差异进行有效识别。基于此，将采用2004～2017年中国省际面板数据，分别从数量和质量层面系统探讨知识产权保护对技术创新的影响及可能存在的异质性，并进一步利用门槛效应尝试对其影响机制进行更为细致的解释。

第二节　理论机制与研究假设

知识产权保护是激励创新的重要制度安排，保护知识产权就是保护创新。首先，知识产权保护有效提高了创新主体的积极性。知识产权作为一种无形的财产权，其技术的专利化、专利的产业化、产品的品牌化所带来的超额利润反哺了企业的再创新。其次，知识产权保护有效地创造了良好的贸易投资营商环境，有利于促进技术创新。加强知识产权保护，国内市场更易吸引外商直接投资，其产生的技术溢出效应、技术人才流动效应等推进了本土的技术创新。同时，加强知识产权保护有利于提高进口中间品的技术含量，有利于国际技术转移，从而加速技术外溢。最后，加强知识产权保护是高水平开放的重要保障，激烈的国际竞争会倒逼本土企业技术创新。由此，本章提出理论假说1。

假说1：知识产权保护对技术创新数量的增加具有显著正向影响。

相对于外观设计与实用新型而言，原始发明创新的研发投入规模更大、研发周期更长、研发风险更高（黎文靖和郑曼妮，2016），原始发明创新成果往往是高质量技术创新成果，能给企业带来更高价值。因此，在知识产权强保护下，企业基于知识产权战略的视角会更加重视高价值专利布局，不会因发明专利前期投入大、风险大等因素而排斥高质量技术创新。相对而言，在知识产权弱保护下，企业会担心被侵权风险，在专利政策红利刺激下，往往为确保短期收益最大化，以追求专利数量为主，更加倾向于实用新型、外观设计等低质量技术创新。由此，本章提出理论假说2。

假说2：相较于低质量技术创新，加强知识产权保护更有利于促进高质量技术创新。

技术创新的高速发展离不开资金、人才的不断投入。中国东中西部地区在经济发展水平、高端人才储备等方面差距较大，这造成不同地区间企业对知识产权保护的认识程度存在差异，各区域的创新能力、成果也会产生较大差异。就东部地区而言，能吸引大量海内外资金、人才涌入，为该地区技术创新的高速发展奠定坚实基础。位于竞争激烈的东部地区的企业往往会有更多的专利及商标，会具有较强的知识产权保护意识，更重视高质量的技术创新。相对而言，经济发展水平较为落后的中西部地区对人才引进、国内外资金流入的吸引力不强，技术创新要素相对缺乏，对创新环境建设的重视程度偏低，其从追求技术创新数量向注重技术创新质量提升的转变需要一个过程。由此，本章提出理论假说3。

假说3：知识产权保护对技术创新数量、质量的影响具有区域非均质性，其中经济较发达地区的知识产权保护可能更重视区域技术创新质量的发展，而经济欠发达地区可能偏向区域技术创新数量的发展。

一个地区的技术创新水平不仅与区域经济发展水平、研发投入等因素相关，还会受该地区的技术创新活跃度影响。当一个地区技术创新市场较为活跃时，企业为应对激烈的市场竞争，必然会加大研发投入、人才培养及引进以创造出更多的技术成果，且倾向追求更高层次的技术创新。此时区域内企业对知识产权保护的需求水平将不断提高，不断加强的知识产权保护可更好地保障技术创新、营造良好的技术创新发展环境，从而有助于提升技术创新水平。然而，同一区域内技术创新市场的活跃度会存在不均衡性，当该地区技术创新市场活跃度较低时，表明该地区技术市场合同交易额较低，区域内企业技术创新成果并不丰富，更是缺少高质量的技术创新成果，自然对知识产权保护的需求水平较低，此时区域知识产权保护可能对该区域长期技术创新的促进性并不明显。由此，即使假设3已考虑到中国东部、中部、西部地区因经济发展水平、市场活跃程度、知识产权执法水平等多方面的差异可能会对各地区技术创新水平产生一定影响，但值得注意的是，同一地区内也可能会因技术创新市场活跃度处于不同门槛范围，而出现不断加强的知识产权保护对其区域技术创新数量、质量的促进效应存在差异化现象。由此，本章提出理论假说4。

假说4：在区域非均质性影响基础上，不同区域的知识产权保护对技术创新数量、质量的影响存在差异化门槛效应。

第三节　模型设定与数据说明

一、模型设定

为探讨知识产权保护水平与技术创新之间的关系，本章首先构建以下基础性回归模型：式（5.1）检验知识产权保护水平对各省市技术创新数量的影响；式（5.2）和式（5.3）细分讨论知识产权保护水平对各省市高质量专利（以发明专利为代表）、低质量专利（以实用新型及外观设计专利为代表）的差异性影响。

$$\ln INV_{it} = \beta_0 + \beta_{11}\ln IPR_{it} + \lambda X_{it} + \varepsilon_{it} \tag{5.1}$$

$$\ln INVF_{it} = \beta_0 + \beta_{21}\ln IPR_{it} + \lambda X_{it} + \varepsilon_{it} \tag{5.2}$$

$$\ln INVS_{it} = \beta_0 + \beta_{31}\ln IPR_{it} + \lambda X_{it} + \varepsilon_{it} \tag{5.3}$$

其中，lnINV 为技术创新，lnINVF 为高质量技术创新，lnINVS 为低质量技术创新，lnIPR 为知识产权保护水平，X 为控制变量，包括经济发展水平（lnECO）、外商直接投资（lnFDI）、贸易开放度（lnITO）、金融发展水平（lnFIN）、人力资本水平（lnHCL）及研发投入水平（lnRD）。

二、变量选择

（1）因变量。技术创新（lnINV），现有文献中大多使用专利产出量衡量技术创新水平（杨俊等，2009）。鉴于数据的可获得性，文中采用各省市专利申请量来表征因变量，包括发明专利申请量、实用新型申请量和外观设计申请量。由于发明专利研发周期较长，技术进步程度较高，能更好地体现高质量的技术创新（刘凤朝和沈能，2006），文中将发明专利申请量代表高质量技术创新（lnINVF），将实用新型申请量和外观设计申请量之和代表低质量技术创新（lnINVS）。

（2）自变量。知识产权保护水平（lnIPR），实际知识产权保护水平需要综合考虑知识产权立法水平和知识产权执法水平，本章以两者相乘所得结果表示实际知识产权保护水平。其中，知识产权立法水平度量的一级指标包括知识产权保护的覆盖范围、是否为国际条约成员、保护的期限、执法的机制以及权利丧失的保护。知识产权执法水平的度量内容包括六个方面，分别是执法的力度、社会法制化的水平、知识产权保护的意识、法律体系的完备程度、经济发展的水平以及国际监督制衡的机制。本章根据关成华等（2018）的度量和赋值标准，整理数据并测算出各省市 2004～2017 年的实际知识产权保护水平。

（3）控制变量。为防止遗漏变量问题的出现，文中尽量控制影响各地区技术创新水平差异的相关变量：①经济发展水平（lnECO），以人均地区生产总值来表征，人均地区生产总值越大表明该区域经济发展水平越高。②外商直接投资（FDI）以各地区实际利用外资额与地区生产总值的比值来表征，外商投资更注重技术创新性，该比值越高代表该区域越注重技术创新质量的提升。③贸易开放度（lnITO）以各地区进出口总额与地区生产总值的比值来表征，活跃的对外贸易市场会不断增加对高技术产品的需求。④金融发展水平(lnFIN)以各地区金融机构人民币各项存贷款余额之和与地区生产总值的比值来表征,区域的金融活跃程度会直接影响区域技术创新能力。⑤人力资本水平(lnHCL)以各地区劳动者平均受教育年限来代表,人力资本水平对技术创新有直接影响。⑥研发投入水平(lnRD)以各地区研究与试验发展经费内部支出额与地区生产总值的比值来表征,通常认为研发投入水平会对技术创新产生影响。

三、数据来源与处理

鉴于数据的可获性,文中的样本数据为中国除港澳台及西藏外的30个省(市、区)2004~2017年的省际面板数据,来源于国家知识产权局统计年报、《中国科技统计年鉴》、《中国统计年鉴》、《中国金融年鉴》及《中国人口和就业统计年鉴》,个别缺失数据采用该指标平滑增长率的方式进行补充。为消除异方差等因素影响,文中所有数据皆进行相应的对数化处理。

第四节　实证结果与分析

一、全样本回归分析

为详细探究知识产权保护水平与技术创新的关系,表5-1基于全国总体数据展示了知识产权保护水平对各省市技术创新的具体影响效应。考虑到面板数据可能存在的异方差及序列相关问题,文中采用过度识别检验方法来判断模型(2)~模型(4)回归采用固定效应还是随机效应结果。若过度识别检验的 P 值小于 0.1,文中可使用固定效应结果,否则采用随机效应结果,具体分析如下。

表 5 – 1 中，模型（1）采用 OLS 方法汇报了各省市知识产权保护水平对区域技术创新的影响，模型（2）采用固定效应模型汇报了各省市知识产权保护水平对区域技术创新的影响，模型（3）和模型（4）进行知识产权保护水平对各省市高质量、低质量技术创新的分组讨论。比较模型（1）与模型（2）回归结果发现，知识产权保护水平的系数皆在 1% 的水平上显著为正，这在一定程度上说明当区域知识产权保护力度较高时会因为有利于营造较好的技术创新环境，而促进该区域技术创新数量的增加，与预期相符，即假说 1 成立。

表 5 – 1   全样本回归结果

变量	模型（1） lnINV	模型（2） lnINV	模型（3） lnINVF	模型（4） lnINVS
lnIPR	1. 473 *** （0. 313）	0. 808 *** （0. 243）	0. 795 *** （0. 222）	0. 546 （0. 346）
lnECO	− 0. 068 （0. 095）	0. 485 ** （0. 212）	0. 74 *** （0. 198）	0. 616 * （0. 332）
lnFDI	0. 135 *** （0. 046）	0. 145 ** （0. 064）	0. 163 ** （0. 064）	0. 229 ** （0. 09）
lnITO	− 0. 058 ** （0. 023）	− 0. 205 ** （0. 085）	− 0. 191 * （0. 108）	− 0. 132 （0. 092）
lnFIN	0. 056 （0. 089）	0. 704 *** （0. 206）	0. 518 *** （0. 161）	0. 798 *** （0. 266）
lnHCL	− 2. 007 *** （0. 344）	1. 903 *** （0. 635）	1. 766 ** （0. 722）	2. 256 *** （0. 758）
lnRD	1. 015 *** （0. 027）	0. 145 （0. 16）	0. 21 （0. 154）	0. 108 （0. 199）
CONS	− 1. 117 * （0. 605）	− 3. 183 （2. 092）	− 7. 409 *** （2. 597）	− 4. 741 * （2. 416）
P	—	0. 0000	0. 0000	0. 0000
回归方法	OLS	FE	FE	FE
R^2	0. 938	0. 932	0. 926	0. 906

注：*、**、*** 分别表示在 10%、5%、1% 的水平上显著，P 值为过度识别检验的 P 值；括号里数值为稳健标准误。

在模型（3）中，知识产权保护水平的系数依然在1%的水平上显著为正，表明知识产权保护水平的提高会促进区域技术创新朝着高质量方向发展，假说2得到支持。

在模型（4）中，知识产权保护水平的系数仍然为正，即知识产权保护力度增强会在一定程度上促进区域实用新型、外观设计专利数量的不断增加，但该系数值并不显著，且明显小于模型（3）中知识产权保护水平变量的系数值，这可能是因为随着知识产权保护水平的不断提高，各区域经济发展更加重视高质量技术创新，对低质量技术创新的需求有限。

其他控制变量方面，区域经济发展形势越好，其技术创新水平越高，可能是因为经济发展越快的地区越依赖及重视技术创新发展带来的红利。外商投资因更注重专利技术投资带来的创收，进而更重视技术创新。融资能力较强、人力资本丰厚、研发投入较多的区域能提供较好的资金、人才等多方面支持，更有利于该区域的技术创新发展。

二、内生性问题分析

文中采用面板数据可在一定程度上克服遗漏变量导致的内生性问题，但文中所用的主要自变量与因变量间可能存在一定的双向因果关系。为解决可能存在的内生性问题，也为使文中结论更为稳健，文中选用知识产权保护水平的滞后一期作为工具变量，并采用GMM回归方法进行估计，具体结果如表5-2所示。

由于工具变量仅有一个，文中采用弱工具变量法进行工具变量的外生性检验，根据表5-2中列出的F值，可见选取的工具变量是合理的。表5-2列出了考虑内生性问题后的全样本模型回归结果，发现随着知识产权保护水平的提高，区域技术创新水平也不断提高。其中，不断加强的知识产权保护水平会更加促进区域技术创新朝高质量方向发展，相应系数值依然为正且更加显著，结论稳健。

表 5 - 2 全样本回归结果：基于内生性问题考虑

变量	模型（1） lnINV	模型（2） lnINVF	模型（4） lnINVS
lnIPR	1.67 *** （0.383）	1.856 *** （0.379）	1.334 *** （0.444）
lnECO	− 0.109 （0.101）	− 0.318 *** （0.104）	− 0.005 （0.11）
lnFDI	0.142 *** （0.047）	0.146 *** （0.039）	0.159 *** （0.059）
lnITO	− 0.067 *** （0.024）	− 0.147 *** （0.022）	− 0.043 （0.029）
lnFIN	0.098 （0.09）	0.391 *** （0.078）	− 0.076 （0.108）
lnHCL	− 2.109 *** （0.351）	− 0.353 （0.33）	− 2.849 *** （0.408）
lnRD	1.021 *** （0.029）	0.983 *** （0.029）	1.055 *** （0.034）
CONS	− 0.819 （0.627）	- 3.766 *** （0.613）	− 0.564 （0.754）
F	188.564	188.564	188.564
回归方法	GMM	GMM	GMM
R^2	0.938	0.935	0.92

注：*、**、*** 分别表示在 10%、5%、1% 的水平上显著，F 值为弱工具变量检验的 F 值（若 F 值大于 10，表明工具变量具有外生性）；括号里数值为稳健标准误。

三、分区域回归分析

鉴于中国各省市经济发展的非均衡特性，文中分析东中西三大区域的知识产权保护水平对技术创新的影响差异，具体回归结果见表 5 - 3。

从东部区域来看，知识产权保护水平对技术创新的总体影响为正，但相应的系数并不显著，这可能是受知识产权保护水平对低质量技术创新的负向效应的影响。如表5-3所示，东部区域知识产权保护水平显然有利于促进高质量技术创新，相应系数值为正且显著，而其对低质量技术创新的促进效应并不明显，相应系数值虽不显著但出现了负向性。在中部区域，虽然知识产权保护水平的三组系数值皆为正，但对高质量技术创新的促进作用明显低于东部地区的促进效应，对低质量技术创新的促进作用明显强于东部地区，即中部地区知识产权保护水平的提升更有利于该区域低质量技术创新。就西部区域而言，知识产权保护水平对高、低质量技术创新的影响系数皆为正且不显著，虽对低质量技术创新的影响作用更大，但仍远低于中部地区相应的促进效应。鉴于东、中、西部三地区的结果比较差异，说明假说3成立。

表5-3　　　　　　　　　　　　分区域回归结果

变量	东部			中部			西部		
	lnINV	lnINVF	lnINVS	lnINV	lnINVF	lnINVS	lnINV	lnINVF	lnINVS
lnIPR	0.133 (0.544)	1.073* (0.57)	-0.332 (0.631)	1.154** (0.432)	0.446 (0.402)	1.416** (0.441)	0.594* (0.27)	0.319 (0.182)	0.57 (0.331)
lnECO	0.073 (0.51)	0.636 (0.473)	-0.208 (0.601)	0.264 (0.411)	0.601 (0.5)	0.059 (0.418)	0.961** (0.369)	0.843* (0.416)	1.193** (0.448)
lnFDI	0.212** (0.067)	0.172** (0.077)	0.281*** (0.075)	0.122 (0.168)	0.322** (0.119)	0.025 (0.227)	0.059 (0.101)	0.006 (0.108)	0.176 (0.117)
lnITO	-0.079 (0.189)	-0.019 (0.191)	-0.115 (0.226)	-0.088 (0.151)	0.029 (0.115)	-0.143 (0.178)	-0.248* (0.118)	-0.449** (0.171)	-0.086 (0.078)
lnFIN	0.096 (0.196)	0.14 (0.256)	-0.053 (0.283)	1.107* (0.532)	1.058 (0.596)	1.05* (0.512)	1.219*** (0.243)	0.988*** (0.184)	1.253*** (0.312)
lnHCL	3.117** (1.183)	3.523* (1.601)	2.814** (1.221)	1.929 (1.228)	3.725 (2.038)	1.198 (0.999)	1.106 (0.993)	-0.778 (0.962)	2.177* (1.027)
lnRD	0.666* (0.35)	0.415 (0.236)	0.848* (0.45)	0.42 (0.365)	0.555 (0.49)	0.395 (0.331)	-0.311 (0.233)	-0.148 (0.244)	-0.377 (0.259)

续表

变量	东部			中部			西部		
	lnINV	lnINVF	lnINVS	lnINV	lnINVF	lnINVS	lnINV	lnINVF	lnINVS
CONS	−7.178 (5.588)	−12.831* (6.257)	−5.845 (6.032)	−5.152 (5.132)	−14.143** (5.636)	−2.06 (4.879)	−1.426 (2.397)	0.317 (3.614)	−4.949** (1.709)
P	0.000	0.011	0.000	0.000	0.000	0.000	0.000	0.000	0.000
回归方法	FE	FE	FE	FE	FE	FE	FE	FE	FE
R^2	0.944	0.955	0.908	0.937	0.938	0.913	0.944	0.92	0.931

注：*、**、***分别表示在10%、5%、1%的水平上显著，P值为过度识别检验的P值；括号里数值为稳健标准误。

四、分区域门槛回归分析

基于分区域回归结果发现，知识产权保护对技术创新的影响虽在东部、中部、西部地区存在明显差异，但知识产权保护水平的系数值并未完全通过显著性检验，究其原因，可能是因为各区域技术市场转让规模存在不均衡性，造成各区域知识产权保护水平对技术创新存在非线性影响。为进一步研究中国知识产权保护水平与技术创新之间可能的非线性关系，文中参照汉森（Hansen，1999）的面板门槛模型思想，构建多重门槛模型进行回归估计。

1. 模型构建

基于上文公式（5.1）~式（5.3），构建公式（5.4）~式（5.6）为多重门槛模型。为验证上文提出的理论假说4，文中选用技术市场转让规模作为门槛变量，用各省技术市场成交合同额与各省当年地区生产总值的比值进行衡量（俞荣建等，2020）。

$$\ln INV_{it} = \beta_0 + \beta_{11} \ln IPR_{it} I(\ln TMTS_{it} \leq \theta_1) + \beta_{12} \ln IPR_{it} I(\theta_1 < \ln TMTS_{it} \leq \theta_2)$$
$$+ \cdots + \beta_{1,n} \ln IPR_{it} I(\theta_{n-1} < \ln TMTS_{it} \leq \theta_n)$$
$$+ \beta_{1,n+1} \ln IPR_{it} I(\ln TMTS_{it} > \theta_n) + \lambda X_{it} + \varepsilon_{it} \qquad (5.4)$$

$$\ln INVF_{it} = \beta_0 + \beta_{11} \ln IPR_{it} I(\ln TMTS_{it} \leq \theta_1) + \beta_{12} \ln IPR_{it} I(\theta_1 < \ln TMTS_{it} \leq \theta_2)$$

$$+ \cdots + \beta_{1,n}\ln\text{IPR}_{it}\text{I}(\theta_{n-1} < \ln\text{TMTS}_{it} \leq \theta_n)$$

$$+ \beta_{1,n+1}\ln\text{IPR}_{it}\text{I}(\ln\text{TMTS}_{it} > \theta_n) + \lambda X_{it} + \varepsilon_{it} \qquad (5.5)$$

$$\ln\text{INVS}_{it} = \beta_0 + \beta_{11}\ln\text{IPR}_{it}\text{I}(\ln\text{TMTS}_{it} \leq \theta_1) + \beta_{12}\ln\text{IPR}_{it}\text{I}(\theta_1 < \ln\text{TMTS}_{it} \leq \theta_2)$$

$$+ \cdots + \beta_{1,n}\ln\text{IPR}_{it}\text{I}(\theta_{n-1} < \ln\text{TMTS}_{it} \leq \theta_n)$$

$$+ \beta_{1,n+1}\ln\text{IPR}_{it}\text{I}(\ln\text{TMTS}_{it} > \theta_n) + \lambda X_{it} + \varepsilon_{it} \qquad (5.6)$$

其中，$\ln\text{TMTS}_{it}$ 为门槛变量，θ 为待估算的门槛值，$\text{I}(\cdot)$ 为指示函数，其他指标定义参考式（5.1）~式（5.3）。

2. 门槛效应检验与回归分析

文中首先需要对门槛效应是否存在、具体门槛数进行判断，根据 Bootstrap 法重复抽样 300 次计算得到相应的门槛效应检验的 F 统计量值、门槛值等，具体如表 5-4 所示。

表 5-4　　　　　　　　　　分区域门槛个数及数值估计结果

因变量	门槛检验	东部		中部		西部	
		F 值	门槛值	F 值	门槛值	F 值	门槛值
lnINV	THRES1	10.121***	1.015	43.609***	-1.76	14.883**	-1.673
	THRES2	8.811	—	10.692*	-1.002	3.824*	-1.47
	THRES3	5.049	—	5.255	—	9.378**	0.237
lnINVF	THRES1	9.092*	-1.273	33.253***	-0.885	9.828***	-1.742
	THRES2	5.77	—	15.629***	-0.238	5.539*	-1.474
	THRES3	7.737	—	2.86	—	3.191	—
lnINVS	THRES1	16.29**	-1.15	32.558***	-1.76	27.343***	-1.268
	THRES2	9.069**	0.973	14.61**	-1.002	6.259**	0.237
	THRES3	5.661	—	9.821*	0.472	2.163	—

注：*、**、***分别表示在 10%、5%、1% 的水平上显著，THRES1、THRES2、THRES3 分别表示单一门槛、双重门槛及三重门槛。

表 5-4 显示了东、中、西部三大区域门槛效应的检验结果，东部地区的三组模型分别具有单一门槛、单一门槛及双重门槛且均通过相应的显著

性水平检验，中部地区的三组模型分别具有双重门槛、双重门槛及三重门槛且均通过相应的显著性水平检验，西部地区的三组模型则分别具有三重门槛、双重门槛及双重门槛且均通过相应的显著性水平检验。由此，东、中、西部三大区域均具有相应的门槛特征，详情见表5－4。

表5－5列出了加入门槛变量的面板数据回归结果，可发现三大区域知识产权保护水平对技术创新的具体影响差异都有了更加详细的表现，也更有利于比较发现不同区域间知识产权保护对技术创新促进效应的最佳段，即同一区域内知识产权保护与技术创新之间并非简单的线性关系，假说4成立。

表5－5   分区域门槛模型回归结果

变量	东部			中部			西部		
	lnINV	lnINVF	lnINVS	lnINV	lnINVF	lnINVS	lnINV	lnINVF	lnINVS
lnECO	0.1 (0.259)	0.708 ** (0.271)	−0.21 (0.309)	−0.706 ** (0.322)	−0.248 (0.348)	−0.906 ** (0.359)	0.669 *** (0.197)	0.866 *** (0.26)	0.728 *** (0.203)
lnFDI	0.196 *** (0.057)	0.166 *** (0.059)	0.259 *** (0.068)	−0.087 (0.113)	0.159 (0.125)	−0.137 (0.127)	0.091 (0.064)	−0.007 (0.09)	0.246 *** (0.065)
lnITO	−0.062 (0.088)	0.071 (0.097)	−0.171 (0.106)	−0.344 *** (0.084)	−0.142 (0.091)	−0.455 *** (0.094)	−0.289 *** (0.057)	−0.472 *** (0.081)	−0.11 * (0.057)
lnFIN	0.195 (0.22)	0.219 (0.228)	0.023 (0.265)	0.303 (0.311)	0.291 (0.345)	0.019 (0.348)	0.938 *** (0.204)	1.063 *** (0.269)	0.786 *** (0.209)
lnHCL	2.892 *** (0.81)	3.873 *** (0.851)	2.536 ** (0.969)	1.47 * (0.818)	2.343 (0.943)	0.699 (0.906)	1.181 * (0.655)	−0.536 (0.939)	1.992 *** (0.666)
lnRD	0.654 *** (0.141)	0.464 *** (0.148)	0.771 *** (0.169)	0.797 *** (0.16)	0.99 (0.182)	0.74 *** (0.179)	−0.111 (0.131)	−0.22 (0.166)	0.006 (0.132)
INTERVAL1	0.172 (0.284)	0.85 *** (0.306)	−0.079 (0.341)	0.255 (0.375)	−0.122 (0.421)	0.452 (0.416)	0.353 (0.228)	0.226 (0.321)	0.342 (0.226)
INTERVAL2	0.351 (0.293)	1.036 *** (0.296)	−0.311 (0.337)	0.483 (0.37)	0.184 (0.405)	0.757 * (0.41)	0.564 ** (0.223)	0.464 (0.315)	0.483 ** (0.229)
INTERVAL3	—	—	−0.118 (0.348)	0.852 ** (0.357)	0.471 (0.413)	1.123 *** (0.395)	0.323 (0.224)	0.081 (0.319)	0.87 *** (0.23)
INTERVAL4	—	—	—	—	—	0.809 * (0.411)	0.604 *** (0.225)	—	—

续表

变量	东部			中部			西部		
	lnINV	lnINVF	lnINVS	lnINV	lnINVF	lnINVS	lnINV	lnINVF	lnINVS
CONS	-6.982 *** (2.412)	-15.004 *** (2.63)	-4.367 (2.886)	0.604 (2.03)	-8.342 (2.28)	4.329 * (2.248)	-0.808 (1.358)	0.554 (1.946)	-4.248 *** (1.385)
R^2	0.947	0.958	0.921	0.959	0.958	0.944	0.953	0.928	0.943
F 值	22 ***	19.28 ***	21.83 ***	9.4 ***	10.32 ***	8.96 ***	48.58 ***	19.64 ***	57.23 ***

注：*、**、*** 分别表示在10%、5%、1%的水平上显著，括号内为标准误，interval 1－4 是依据各组门槛值由低到高将变量知识产权保护水平（lnIPR）对因变量的影响划分出四个区间。

具体来看，在东部地区，虽然知识产权保护对技术创新的总体促进作用在不断增强，但相应系数值并不显著，可能是因为受知识产权保护对低质量技术创新的抑制作用影响（该组 lnIPR 的系数值皆为负数）。知识产权保护对高质量技术创新的正向递进影响则可从侧面说明，东部发达地区较大的技术市场转让规模为知识产权保护下高质量技术创新效应的发挥提供了活跃的交易平台，低质量的技术创新效应会被抑制也在"情理"中。在中部地区，知识产权保护对技术创新的总体促进作用也处于不断增强状态，且相应系数值由不显著转变成显著。当技术市场转让规模超过临界值 -1.002 时，知识产权保护对技术创新的总体影响达到相对最强阶段，影响系数为 0.852 且在 5% 水平上显著。与东部地区不同，中部地区知识产权保护对高质量技术创新的影响虽为正向逐次递进但系数值并不显著，其对低质量技术创新的影响则出现在前三个区间内为正向逐次递进且显著性不断增强、在第四个区间内正向促进作用明显减小的情形，这说明中部地区知识产权保护更有利于促进低质量技术创新，且当技术市场转让规模介于 -1.002 与 0.472 之间时促进效应相对最强。在西部地区，知识产权保护对技术创新的总体促进作用呈现"增强—减弱—增强"的正"N"型格局，存在明显非线性关系，当技术市场转让规模大于 0.237 时，两者影响关系相对最强。与中部地区类似，西部地区知识产权保护对高质量技术创新的正向影响并不显著，但对低质量技术创新的正向影响是逐渐增强且显著性不断提高,这说明西部地区知识产权保护也更侧重于带动低质量技术创新。

第五节　研究结论及启示

在当前双循环新发展格局下,通过加强知识产权保护促进高质量技术创新,是中国迈向高质量发展阶段的必要举措。鉴于此,本章利用 2004 ~ 2017 年中国 30 个省际行政区的面板数据,实证研究了当前知识产权保护对技术创新水平的具体影响。结果表明:第一,不断加强的知识产权保护将有利于促进技术创新数量的增加;第二,相较于低质量技术创新,较强的知识产权保护会更有利于引导技术创新高质量发展;第三,知识产权保护对技术创新的影响具有一定的区域非匀质性,其中,东部地区更注重高质量技术创新,中部地区低质量技术创新比高质量技术创新发展更迅速,西部地区同样更偏向于低质量技术创新,但其发展远低于中部地区知识产权保护对低质量技术创新的促进效应;第四,在不同的技术市场转让规模范围内,不同区域的知识产权保护对技术创新数量、质量的影响并非简单线性关系。拥有较大技术市场转让规模的东部地区在不断加强的知识产权保护下能更有效地促进高质量技术创新,中部地区知识产权保护则仍更偏向于低质量技术创新,但对低质量技术创新的促进作用并非逐次递进,而西部地区不断加强的知识产权保护在技术市场转让规模的门槛划分下,对技术创新的总体作用呈现出明显正"N"型格局。

新发展格局下要加强知识产权保护,追求创新数量的同时要更加注重创新质量的提升,通过加强知识产权保护促进高水平开放,推进国内国际双循环有效联动。为此,应首先不断加强知识产权执法力度,以区块链赋能知识产权保护,助力维权举证;要完善电子商务等新业态新领域的知识产权保护制度,清除知识产权保护盲区,扩大知识产权保护范围。其次,要加强知识产权源头保护,提高审查质量;强化高价值专利的保护,建立高价值专利快速审查机制，强化高价值专利的激励政策，完善高价值专利的评价机制，加快高价值专利的培育布局。最后，要正视区域差异性，根据各地区经济发展水平、技术创新市场活跃程度等合理调整区域知识产权保护水平，加速知识产权保护对各区域不同层次技术创新的差异化推进，促使各区域能进入知识产权保护对区域技术创新的最佳促进效应阶段；同时还要建设知识产权保护试点示范区，形成保护高地，以示范引领缩小区域差异。

第六章

空间视角下知识产权保护、技术创新与产业结构升级

第一节 引 言

经济结构优化升级是经济新常态的重要特征，其重点在于产业结构的优化升级。习近平总书记在参加十三届全国人大一次会议内蒙古代表团审议时强调，推动经济高质量发展，要把重点放在推动产业结构转型升级上。产业结构优化升级迫切需要实现要素驱动、投资驱动向创新驱动的转变，创新驱动是产业结构升级的关键路径。保护知识产权就是保护创新，知识产权保护是创新与产业深度融合、创新链与产业链深度融合的重要制度保障，是创新的动力，是创新成果转化运用的重要驱动力。这就提出了一个非常有理论和实践价值的课题：知识产权保护、技术创新对产业结构升级有何影响？影响的传导机制是怎样的？要科学地回答这些问题，必须进行严谨的理论分析和规范的实证检验。

学者们对上述问题已经展开了相关研究，并取得了有益的成果。首先，关于知识产权保护对产业结构升级的影响，国内研究相对有限且尚未达成一致结论。比如，李士梅和尹希文（2018）基于2000～2015年省级面板数据的研究表明，知识产权保护与产业结构升级之间存在负向关联，因为技术模仿仍是中国产业结构升级主要技术来源的特定发展阶段，较高的知识产权保护水平将增加企业的技术获取成本，妨碍企业进入高技术产业。但章文光和王耀辉（2018）采用定性比较分析方法，基于 22 个国家的样本数据的研究则表明，低水平的知识产权保护显著阻碍了产业升级。其次，关于技术创新对产业结构升级的影响，学者们普遍认为技术创新对产业结构升级有促进作用，但在具体作用路径方面，究竟是线性还是非线性则有不同观点。徐康宁和冯伟（2010）通过构建模型和进行案例分析，认为技术创新是产业升级的一种战略选择。饶雨平（2015）认为企业的技术创新是推动产业升级的最终力量。而张治栋和廖常文（2019）对长江经济带的研究表明，技术创新对产业结构合理化和高级化都有显著促进作用，但促进作用呈倒"U"型。

总结现有文献发现，已有研究存在如下有待补充和完善之处：第一，缺乏对三者关联的系统化研究，现有研究多为单独考察知识产权保护对产业结构升级的影响，或技术创新对产业结构升级的影响，鲜有文献将三者纳入同一分析框架进行研究。事实上，在知识产权保护影响产业结构升级的过程中，技术创新可能发挥着重要作用。第二，忽视了知识产权保护、技术创新和产业结构升级存在的空间相关性，因而基于普通面板数据的分析可能存在偏误；第三，对知识产权保护、技术创新和产业结构升级可能存在的区域异质性问题缺乏关注。鉴于此，本章结合 2004～2017 年中国省级面板数据，采用空间滞后模型和空间误差模型，结合中介效应模型，在空间视角下将知识产权保护、技术创新与产业结构升级纳入同一分析框架，并对区域差异进行进一步的拓展分析，力图在上述几个方面对现有研究做出边际贡献。

第二节　理论机制与研究假设

加强知识产权保护对产业结构影响的直接效应看，至少表现在两个方面：一是创新要素的激发效应，二是技术扩散的溢出效应。首先，加强知识产权保护有利于优化创新要素配置，激发人力创新要素与资本创新要素的投入以及空间的流动，创新要素的不断升级引致产品质量升级、产业技术升级以及产业结构优化升级（朱卫平和陈林，2011）。其次，加强知识产权保护有利于技术扩散，外商直接投资和国际贸易是典型的技术外溢渠道。加强知识产权保护会增加外商直接投资的流入，优化资本存量结构，会激励研发环节、高技术生产环节的外资引入，通过 FDI 的技术溢出效应、产业前后关联效应、人力资源流动效应、干中学效应等，对产业结构优化升级产生正向影响。高质量外资企业的引入有利于我国产业结构向合理化、高级化方向发展，产业结构的合理化与高级化共同推进了产业结构的优化升级（范德成等，2020）。加强知识产权保护会增加进口贸易的技术溢出效应，可以减少高技术产品输出国技术被剽窃的风险，有利于进口中间品技术含量的提升，推进产业结构优化升级。加强知识产权保护，有利于国际市场的开拓，激烈的出口市场竞争倒逼出口企业不断加快技术专利化—专利产业化—产品市场化的步伐，出口贸易对产业结构升级形成有效的倒逼机制。由此，提出研究假设 1。

假设 1：加强知识产权保护能有效促进产业结构升级。

技术创新是产业结构升级的重要力量（张秀生和樊君晗，2015），是推动产业结构升级的内在核心动力（包则庆和林继扬，2020）。一方面，技术创新从供给端成为产业结构升级的动力之源，通过技术创新提高劳动生产率，提升投入产出效率，获取超额利润，促使生产要素从低利润率行业向高利润行业转移，带动产业结构升级。并且，技术创新通过工艺创新、产品创新带动产业结构优化升级，通过产业链前后关联效应，带动产业链现代化水平的提升，加速形成新兴产业和升级改造传统产业。另一方面，技术创新从需求端成为产业结构升级的倒逼之力，移动互联网和数字经济推动新消费时代的到来，需求拉动产品的快速更新换代，消费的升级效应、产业的关联效应、出口的竞争效应，倒逼产业结构更加趋向合理化和高级化、倒逼产业链现代化水平的提升、倒逼产业深度融入全球价值链。由此，提出研究假设 2。

假设 2：技术创新能推动产业结构升级。

上述分析表明，知识产权保护、技术创新和产业结构升级之间存在重要关联。知识产权保护对产业结构升级的作用除了通过创新要素和技术溢出渠道产生的直接影响，还可以通过技术创新产生间接影响。知识产权保护是促进新知识生产和激励创新的关键制度安排。强化知识产权保护能提升发达国家技术创新能力（Schneider，2005），对发展初始阶段依靠技术模仿的发展中国家而言，知识产权保护对技术创新的促进作用也依然显著（王华，2011）。当发展中国家的知识产权保护得到加强时，本国企业加大国内研发投入的倾向会增强（Lo，2011），这有利于原始的技术创新。不仅如此，发展中国家强化知识产权保护还能提升发达国家向其转让的国际专利技术的质量（Yang and Maskus，2003），这有助于国内二次创新速度和层次的提升（李平等，2007）。因而，加强知识产权保护通过加大研发投入和提升国际技术转移质量可以促进技术创新，通过技术创新对产业结构升级产生间接影响。由此，提出研究假设3。

假设3：技术创新在知识产权保护影响产业结构升级的过程中具有中介效应，即知识产权保护不仅对产业结构升级有直接影响，还会通过技术创新对其产生间接影响。

第三节 模型设定与数据说明

一、计量模型的设定

（一）知识产权保护和技术创新对产业结构升级影响的检验模型

中国各省域间的知识产权保护、技术创新和产业结构升级存在着不同程度的相互影响，所以不考虑空间溢出效应的分析结果可能存在偏误。为此，本章采用空间面板模型进行实证检验，以控制空间相关性的影响。空间滞后模型（SLM）和空间误差模型（SEM）在空间计量实证研究中被广泛应用。空间滞后模型中包含了被解释变量的空间滞后项，主要考察被解释变量的空间溢出效应。空间误差模型中包含了误差项的滞后项，主要考察由遗漏变量引起的空间相关性。结合本章的研究主题，我们建立如下空间滞后模型和空间误差模型进行实证检验：

$$\text{lnind}_{it} = \gamma_0 + \rho \sum W\text{lnind}_{it} + \gamma_1 \text{lnipr}_{it} + \gamma_2 \text{lninv} + \gamma_3 \text{lnC}_{it} + \varepsilon_{it}$$

$$(6.1)$$

$$\text{lnind}_{it} = \gamma_0 + \gamma_1 \text{lnipr}_{it} + \gamma_2 \text{lninv}_{it} + \gamma_3 \text{lnC}_{it} + \varepsilon_{it}, \; \varepsilon_{it} = \lambda W_\varepsilon + \mu_{it} \quad (6.2)$$

模型中的 ind、ipr 和 inv 分别代表产业结构升级、知识产权保护和技术创新，C 代表控制变量，各变量均取对数后进入模型。模型（6.1）为空间滞后模型，模型（6.2）为空间误差模型。下标 i 和 t 分别表示省份和年份，W 是空间权重矩阵，$\sum W\text{lnind}_{it}$ 代表被解释变量的空间滞后项；模型（6.1）中的系数 ρ 为空间滞后系数，模型（6.2）中的系数 λ 为空间误差系数，μ_{it} 为 ε_{it} 的随机误差项，服从正态分布。关于 SLM 和 SEM 中最优模型的选择，通常可依据 LM 检验进行判断，即 LM 统计量更为显著的模型更加合理，如两种模型的 LM 检验结果有相同的显著性水平，则由 Robust LM 统计量的显著性水平来判定最优模型。此外，空间计量模型实证结果中的 Log likelihood 数值也可用于模型的比较。

（二）技术创新的中介效应检验模型

为检验技术创新能否充当知识产权保护影响产业结构升级的中介变量，本章在空间计量模型的基础上，结合中介效应模型进行分析。中介效应的具体检验步骤如下：（1）在不含中介变量的模型中，核心解释变量对被解释变量有显著影响；（2）核心解释变量对中介变量有显著影响；（3）在包含核心解释变量和中介变量的模型中，如中介变量对被解释变量有显著影响，则表明存在中介效应；此时，如核心解释变量的系数不显著，表明存在完全中介效应，如核心解释变量的系数仍显著，则存在部分中介效应。

根据研究主题，我们建立如下空间滞后模型和空间误差模型进行中介效应检验：

$$\text{lnind}_{it} = \alpha_0 + \rho \sum W\text{lnind}_{it} + \alpha_1 \text{lnipr}_{it} + \alpha_2 \text{lnC}_{it} + \varepsilon_{it} \quad (6.3)$$

$$\text{lninv}_{it} = \beta_0 + \rho \sum W\text{lninv}_{it} + \beta_1 \text{lnipr}_{it} + \beta_2 \text{lnC}_{it} + \varepsilon_{it} \quad (6.4)$$

$$\text{lnind}_{it} = \alpha_0 + \alpha_1 \text{lnipr}_{it} + \alpha_2 \text{lnC}_{it} + \varepsilon_{it}, \quad \varepsilon_{it} = \lambda W_{\varepsilon} + \mu_{it} \quad (6.5)$$

$$\text{lninv}_{it} = \beta_0 + \beta_1 \text{lnipr}_{it} + \beta_2 \text{lnC}_{it} + \varepsilon_{it}, \quad \varepsilon_{it} = \lambda W_{\varepsilon} + \mu_{it} \quad (6.6)$$

模型（6.3）和模型（6.4）为空间滞后模型，模型（6.5）和模型（6.6）为空间误差模型。根据中介效应的检验过程，模型（6.1）和模型（6.2）对应于检验步骤（3），模型（6.3）和模型（6.5）对应于检验步骤（1），模型（6.4）和模型（6.6）对应于检验步骤（2）。因此，模型（6.1）、模型（6.3）和模型（6.4）构成了完整的中介效应检验的空间滞后模型，模型（6.2）、模型（6.5）和模型（6.6）则构成了完整的中介效应检验的空间误差模型。根据前述的检验步骤，以空间滞后模型为例，当模型（6.4）的系数 β_1 和模型（6.1）的系数 γ_2 同时显著时，表明中介效应存在，此时，如果模型（6.1）的系数 γ_1 不显著，则存在完全中介效应，如果系数 γ_1 显著，则存在部分中介效应。空间误差模型下的中介效应检验步骤与此相同。

二、变量与数据说明

（一）被解释变量

产业结构升级（ind），以第二产业和第三产业的产值与 GDP 的比值表征。根据《中国统计年鉴》中各年度各省市的第二产业、第三产业产值及 GDP 计算得出。

（二）核心解释变量

知识产权保护（ipr），本章将知识产权保护立法水平乘以知识产权保护执法水平计算得到各省市实际知识产权保护水平。其中，知识产权保护立法水平的测算根据韩玉雄和李怀祖（2005）的研究，知识产权保护执法水平测算指标具体包括公民法律保护意识、法制化程度、政府执法态度、法律完备程度、经济发展水平、国际监督，具体度量标准、数据来源等根据李平和史亚茹（2019）的研究，本章进行数据整理后测算得出各省市实际知识产权保护水平。

技术创新（inv），同时也是中介变量，文中以各省市的专利授权量来表征，数据来源于国家知识产权局统计年报。

（三）控制变量

本章选取了市场化水平、外商直接投资、金融发展水平、交通基础设施水平作为控制变量加入计量模型。其中，市场化水平（mar）以非国有经济固定资产投资比重来衡量，数据来源于国泰安数据库；外商直接投资（fdi）以各省市实际利用外资金额度量，数据来源于历年的《中国统计年鉴》，按照当年人民币对美元汇率折算后，以 2004 年为基期进行平减处理；金融发展水平（fin）用各省市的金融机构人民币的各项存贷款的余额之和与其地区生产总值的比重来表征，数据的来源为历年《中国金融年鉴》；交通基础设施水平（tra）以标准公路里程数来表征，根据姚树洁和韦开蕾（2007）的测算方法，铁路、公路和水路的权重分别为 4.27、1 和 1.06，通过加权计算后得到标准公路里程数，数据的来源为历年《中国统计年鉴》。

受数据限制，本章采用了 2004~2017 年中国 30 个省级行政区的面板数据（西藏自治区、香港地区、澳门地区和台湾地区未包含在内），个别缺失数据采用插值法补齐。表 6-1 和表 6-2 列出了变量的名称、含义和描述性统计量。

表 6-1			变量的名称及含义
变量类别	变量符号	变量名称	变量定义
被解释变量	ind（%）	产业结构升级	第二和第三产业产值占 GDP 的比重
解释变量	ipr	知识产权保护	知识产权保护立法水平乘以知识产权保护执法水平

续表

变量类别	变量符号	变量名称	变量定义
中介变量	inv（件）	技术创新	专利授权量
控制变量	mar（%）	市场化水平	非国有经济固定资产投资占总固定资产投资比重
	fdi（亿元）	外商直接投资	实际利用外资金额
	fin	金融发展水平	金融机构人民币各项存贷款余额之和与地区生产总值的比重
	tra（千米）	交通基础设施	标准公路里程数

表6－2　　　　　　　　　　**变量的描述性统计量**

项目	lnind	lnipr	lninv	lnmar	lnfdi	lnfin	lntra
均值	4.474	0.999	9.081	4.228	4.91	0.972	11.621
中位数	4.482	1.021	9.113	4.248	5.264	0.953	11.876
最大值	4.602	1.727	12.715	4.499	7.41	2.096	12.8
最小值	4.107	0.392	4.248	3.667	−0.394	0.253	9.331
标准差	0.074	0.25	1.636	0.164	1.662	0.323	0.837
样本量	420	420	420	420	420	420	420

第四节　实证结果与分析

一、全局空间自相关

本章首先对产业结构升级、知识产权保护和技术创新进行全局空间自相关检验。全局自相关性可以通过 Moran's I 指数测度，指数的计算公式如下：

$$I = \frac{n \sum\limits_{i=1}^{n} \sum\limits_{j=1}^{n} W_{ij}(X_i - \overline{X})(X_j - \overline{X})}{\sum\limits_{i=1}^{n} \sum\limits_{j=1}^{n} W_{ij} \sum\limits_{i=1}^{n} (X_i - \overline{X})^2} \tag{6.7}$$

式（6.7）中 n 表示省份，X_i、X_j、$\overline{X}$ 分别代表 i 和 j 地区产业结构升级的观测值及其省份均值，W_{ij} 代表空间权重矩阵。本章采用地理距离权重矩阵作为空间权重矩阵，选取各地区省会城市之间最短距离平方的倒数构建。Moran's I 的取值在 $-1 \sim 1$ 之间，大于 0 表示存在空间正相关，小于 0 则表示存在空间负相关。

全局空间自相关的检验结果如表 6 - 3 所示，产业结构升级、知识产权保护的 Moran's I 指数在样本期的 14 年中有 13 年都显著为正，表明中国各省份的产业结构升级和知识产权保护均存在明显的空间正相关性，即呈现出高—高型集聚和低—低型集聚的分布特征。技术创新的 Moran's I 指数都大于 0，虽然显著性水平低于产业结构升级和知识产权保护，但仍能表明技术创新存在一定的空间正相关性。上述检验显示，产业结构升级、知识产权保护和技术创新均具有空间相关性，如果忽略这些变量的空间溢出效应，实证分析结果可能会存在偏误。因此，下文将采用空间面板模型进行回归分析，以控制变量的空间相关性。

表 6 - 3　　　　　　2004 ~ 2017 年产业结构升级、知识产权保护、
技术创新的全局 Moran's I 指数

年份	产业结构升级	知识产权保护	技术创新	年份	产业结构升级	知识产权保护	技术创新
2004	0.034	0.170 **	0.034	2011	0.259 ***	0.306 ***	0.148 **
2005	0.276 ***	0.270 ***	0.047	2012	0.258 ***	0.190 **	0.142 **
2006	0.318 ***	0.391 ***	0.084	2013	0.246 ***	0.241 ***	0.140 **
2007	0.320 ***	0.388 ***	0.107 *	2014	0.254 ***	0.221 ***	0.134 *
2008	0.315 ***	0.137 *	0.102	2015	0.259 ***	0.241 ***	0.120 *
2009	0.255 ***	0.278 ***	0.126 *	2016	0.262 ***	0.234 ***	0.115 *
2010	0.242 ***	0.362 ***	0.128 *	2017	0.246 ***	- 0.024	0.079

注：*** 、** 、* 分别表示在 1% 、5% 和 10% 水平通过显著性检验。

二、知识产权保护和技术创新对产业结构升级影响的检验

在实证分析前，首先对变量进行方差膨胀因子检验，结果显示各解释变量的 VIF 值均小于 10，因此确定模型中不存在严重的多重共线性问题。

知识产权保护和技术创新对产业结构升级的影响需使用模型（6.1）和模型（6.2）进行分析。针对模型（6.1）和模型（6.2）的 LM 检验结果中，LM 统计量和 Robust LM 统计量均在 1% 的水平上显著，无法筛选出最优模型，因此需结合实证结果进一步分析。表 6-4 是具体的回归结果，其中，列（1）和列（2）为普通面板固定效应和随机效应估计结果，列（3）~列（6）分别为 SLM 和 SEM 模型下的固定效应和随机效应估计结果。表 6-4 的结果中，SLM 模型的 Log likelihood 值在同一效应下明显高于 SEM 模型，由此判定 SLM 模型更优。根据 Hausman 检验结果，SLM 模型的 Hausman 检验为负值，应使用随机效应模型分析。由此，表 6-4 中的最优空间面板模型回归结果为列（4），表中的普通面板模型和 SEM 模型的回归结果可作比对之用，以检验结果的稳健性。

表 6-4 中列（3）~列（6）中系数 ρ 和 λ 均显著为正，验证了全局空间自相关检验的结果，说明产业结构升级具有正的空间溢出效应，列（4）的结果显示本省产业结构升级的指标值每升高 1%，相邻省份的指标值可上升约 0.310%。表 6-4 中，列（4）的知识产权保护系数显著为正，说明考虑了空间溢出效应后，知识产权保护在样本期内对产业结构升级有显著正向影响，研究假设 1 得到验证。Hausman 检验结果显示，普通面板模型应使用固定效应，SEM 模型应使用随机效应，分别为列（1）和列（6），两列中知识产权保护的系数都为正，其中列（6）的系数显著为正，这一方面证明回归结果有较好的稳健性，另一方面则证明控制空间溢出效应的必要性。技术创新的系数在表 6-4 的各列中均显著为正，表明技术创新能显著推动产业结构升级，并且这一结果是稳健的，研究假设 2 得到验证。控制变量中外商直接投资的系数均在 1% 的水平上显著为正，表明外商直

接投资对产业结构升级具有积极的促进作用。交通基础设施的系数在列（1）中显著为正，列（4）和列（6）为正但不显著，表明考虑空间相关性之后，交通基础设施对产业结构升级的正向影响在统计意义上缺乏显著性。市场化水平和金融发展水平的系数分别为负向和正向，但都不显著，表明变量对产业结构升级无显著影响。

表 6 – 4　　　　　知识产权保护、技术创新对产业结构升级的影响

变量	(1)	(2)	(3)	(4)	(5)	(6)
	普通面板		SLM		SEM	
	FE	RE	FE	RE	FE	RE
ρ/λ	—	—	0.262 ** (2.283)	0.310 *** (3.068)	0.197 * (1.660)	0.242 ** (2.011)
lnipr	0.014 (1.112)	0.024 * (1.913)	0.014 (1.221)	0.020 * (1.648)	0.013 (1.066)	0.022 * (1.677)
lnmar	−0.037 (−0.842)	−0.021 (−0.524)	−0.035 (−0.805)	−0.028 (−0.727)	−0.032 (−0.737)	−0.019 (−0.512)
lnfdi	0.012 *** (3.131)	0.011 ** (2.560)	0.011 *** (2.948)	0.010 *** (2.788)	0.011 *** (3.031)	0.010 *** (2.631)
lnfin	0.012 (0.557)	0.029 (1.422)	0.006 (0.274)	0.015 (0.842)	0.009 (0.353)	0.025 (1.186)
lntra	0.038 *** (2.793)	0.008 (0.769)	0.027 ** (2.128)	0.005 (0.386)	0.034 ** (2.279)	0.006 (0.409)
lninv	0.015 ** (2.728)	0.017 *** (2.683)	0.011 * (1.880)	0.013 ** (2.020)	0.015 *** (2.740)	0.018 *** (2.896)
_cons	3.969 *** (19.871)	4.201 *** (21.874)	—	2.955 *** (5.489)	—	4.235 *** (18.952)
R^2	0.4079	0.3815	0.4206	0.3841	0.4078	0.3884
Log – L	—	—	838.5976	772.8687	834.8061	766.8934
Hausman Test	17.75（P – v = 0.0069）		−7.83		0.95（P – v = 0.9874）	
N	420	420	420	420	420	420

注：***、**、* 分别表示在1%、5%和10%水平通过显著性检验；括号中数值为估计系数的z统计量。

三、技术创新的中介效应检验

下文依据中介效应检验步骤，综合模型（6.1）~模型（6.6），对技术创新能否作为知识产权保护影响产业结构升级的中介变量进行判断。首先检验知识产权保护对技术创新的影响，即中介效应检验的步骤（2），对应模型（6.4）和模型（6.6）。表6－5为空间面板模型的LM检验结果，表中结果显示模型（6.4），即SLM模型更优。表6－6为具体的回归结果，Hausman检验的结果显示，SLM模型应选择随机效应，据此，表6－6中的最优空间模型回归结果为列（4）。表中列（3）~列（6）的系数ρ和λ均显著为正，说明技术创新具有正的空间溢出效应；知识产权保护的系数在列（4）及其他各列都显著为正，说明知识产权保护在样本期内对技术创新有显著正向影响，结果是稳健的。这一结果初步预示着技术创新可能是知识产权保护影响产业结构升级的中介变量。

表6－5　　　　　　　　　　空间面板模型的LM检验

变量	模型（3）和模型（5）		模型（4）和模型（6）	
	χ^2	P－value	χ^2	P－value
LM－lag	45.354	0.000	15.786	0.000
Robust LM－lag	44.466	0.000	14.918	0.000
LM－error	9.849	0.002	1.540	0.215
Robust LM－error	8.961	0.003	0.672	0.412

表6－6　　　　技术创新的中介效应检验——检验步骤（2）

变量	（1）	（2）	（3）	（4）	（5）	（6）
	普通面板		SLM		SEM	
	FE	RE	FE	RE	FE	RE
ρ/λ	—	—	0.740 *** (16.122)	0.721 *** (15.134)	0.920 *** (40.713)	0.917 *** (39.806)

续表

变量	(1)	(2)	(3)	(4)	(5)	(6)
	普通面板		SLM		SEM	
	FE	RE	FE	RE	FE	RE
lnipr	0.914*** (4.389)	0.992*** (5.082)	0.510*** (3.329)	0.516*** (3.352)	0.554*** (3.612)	0.565*** (3.600)
lnmar	1.044** (2.457)	1.340*** (3.577)	0.058 (0.276)	0.079 (0.383)	−0.096 (−0.454)	−0.069 (−0.333)
lnfdi.	0.181*** (2.937)	0.306*** (6.001)	0.049 (1.098)	0.065 (1.408)	0.024 (0.496)	0.039 (0.757)
lnfin	2.297*** (10.331)	2.222*** (10.903)	0.413*** (2.594)	0.456*** (2.869)	0.324 (1.014)	0.360 (1.184)
lntra	1.233*** (7.340)	1.002*** (7.308)	0.275** (2.507)	0.302*** (2.887)	0.389*** (2.791)	0.401*** (3.331)
_cons	−13.699*** (−7.121)	−12.880*** (−6.785)	—	−2.678*** (−3.034)	—	3.593** (2.391)
R^2	0.8717	0.8142	0.9149	0.5867	0.8339	0.5735
Log−L	—	—	61.9453	−40.3942	42.8638	−62.7557
Hausman Test	58.22 (P−v=0.00)		−6.36		−6.31	
N	420	420	420	420	420	420

注：***、**、*分别表示在1%、5%和10%水平通过显著性检验；括号中数值为估计系数的 z 统计量。

接着检验在不含技术创新的模型中，知识产权保护对产业结构升级的影响，即中介效应检验的步骤（1），对应模型（6.3）和模型（6.5）。根据表6−5无法在模型（6.3）和模型（6.5）中筛选出最优模型，因此需结合实证结果作进一步分析。表6−7为具体的回归结果，表中可见，SLM 模型的 Log likelihood 值在同一效应下明显高于 SEM 模型，因此判定 SLM 模型更优。根据 Hausman 检验的结果，SLM 模型应选择随机效应，据此，表6−7中的最优空间面板模型回归结果为列（4）。表中列（3）~（6）的系数 ρ 和 λ 均显著为正，再一次验证了空间自相关检验的结果，说明产业结构升级具有正的空间溢出效应。知识产权保护的系数在列（4）及其他各列都显著为正，表明在不考虑技术创新的情况下，知识产权保护在样本期内对产业结构升级仍有显著的正向影响。结合上文所述中介效应检验步骤，对模型（6.1）~模型（6.6）的检验发现，考虑空间相关性后，知识产权保护的系数在中介效应检验的 3 个步骤中均显著为正，技术创新的系数在中介效应检验步骤（3）中也显著为正，证明经过完善规范的中介效应检验，技术创新确实为知识产权保护影响产业结构升级的中介变量发挥了部分中介效应。实证分析结果为假设 3 提供了经验证据。

表 6 – 7　　　　　　技术创新的中介效应检验——检验步骤（1）

变量	(1)	(2)	(3)	(4)	(5)	(6)
	普通面板		SLM		SEM	
	FE	RE	FE	RE	FE	RE
ρ/λ	—	—	0.291 *** (2.677)	0.338 *** (3.570)	0.211 * (1.818)	0.247 ** (2.043)
lnipr	0.028 ** (2.206)	0.042 *** (3.657)	0.024 * (1.945)	0.031 ** (2.546)	0.027 ** (2.154)	0.038 *** (2.952)
lnmar	−0.021 (−0.480)	0.004 (0.088)	−0.025 (−0.569)	−0.013 (−0.334)	−0.019 (−0.449)	−0.000 (−0.001)
lnfdi	0.015 *** (4.093)	0.016 *** (4.120)	0.013 *** (3.634)	0.014 *** (3.939)	0.013 *** (3.674)	0.015 *** (3.905)
lnfin	0.047 ** (2.316)	0.067 *** (3.911)	0.028 (1.614)	0.040 *** (2.724)	0.042 * (1.715)	0.062 ** (2.920)
lntra	0.056 *** (4.219)	0.025 ** (2.339)	0.038 *** (2.973)	0.017 (1.502)	0.054 *** (3.617)	0.025 * (1.736)
_cons	3.763 *** (19.630)	3.985 *** (21.571)	—	2.681 *** (5.544)	—	4.017 *** (17.495)
R^2	0.3956	0.3382	0.4156	0.3465	0.3955	0.3256
Log – L	—	—	836.4009	769.4995	830.8149	760.9052
Hausman Test (P – value)	−6.00		6.95 (P – v = 0.2242)		15.5 (P – v = 0.0084)	
N	420	420	420	420	420	420

注：*** 、** 、* 分别表示在 1% 、5% 和 10% 水平通过显著性检验；括号中数值为估计系数的 z 统计量。

四、进一步的拓展性检验

由于中国各省市经济发展的不均衡，知识产权保护、技术创新和产业结构升级之间的关联可能存在区域异质性，因此，本章将样本划分为东部地区和中西部地区再次进行回归分析。表6-8是拓展性分区域检验的空间面板模型 LM 检验结果，表6-9和表6-10列出了分区域空间面板模型的实证分析结果。

根据表6-8的 LM 检验结果，东部地区的模型（6.1）、模型（6.2）、模型（6.3）和模型（6.5）中，SLM 模型更优，模型（6.4）和模型（6.6）中 SEM 模型更优。受篇幅所限，表6-9中仅列出了模型（6.1）、模型（6.3）和模型（6.6）的结果，依次为 SLM 模型、SLM 模型和 SEM 模型，表中的列（1）和列（2）为检验东部地区知识产权保护、技术创新对产业结构升级的影响，列（3）~列（6）为技术创新的中介效应检验，其中，列（3）和列（4）对应中介效应检验步骤（1），即检验不含中介变量时解释变量对被解释变量的影响，列（5）和列（6）对应中介效应检验步骤（2），即解释变量对中介变量的影响。结合 Hausman 检验的结果，表6-9中列（2）、列（3）和列（6）的结果为最优。表中各列的系数 ρ 和 λ 都显著为正，证明东部地区的产业结构升级和技术创新都具有空间正向溢出效应。列（2）的结果中，知识产权保护和技术创新的系数都显著为正，表明东部地区的知识产权保护、技术创新对产业结构升级有显著的促进作用；列（3）和列（6）的结果中，知识产权保护的系数均显著为正，证明在东部地区知识产权保护促进产业结构升级的过程中，技术创新发挥了显著的部分中介效应。

根据表6-8中的中西部地区空间面板模型 LM 检验结果，无法筛选出最优模型，因此需结合实证结果中的 Log likelihood 的数值进行判断。经过比较，模型（6.1）~模型（6.6）中 SLM 模型都优于 SEM 模型，囿于篇幅，表6-10中仅列出了 SLM 模型的回归结果，表中的列（1）和列（2）

为检验中西部地区知识产权保护、技术创新对产业结构升级的影响，列
（3）和列（4）检验不含中介变量时解释变量对被解释变量的影响，列
（5）和列（6）检验解释变量对中介变量的影响。依据 Hausman 检验的结
果，表 6-10 中的列（2）、列（4）和列（6）的结果更优，这三列的系数
ρ 都显著为正，表明中西部地区的产业结构升级和技术创新也具有显著的
正向空间溢出效应。列（2）中知识产权保护系数显著为正，技术创新的
系数为正但不显著，表明知识产权保护能显著促进中西部地区的产业结构
升级，技术创新的产业升级促进效应则不显著。进一步观察列（4）和列
（6）的中介效应检验结果发现，知识产权保护的系数均显著为正，意味着
尽管知识产权保护能推动技术创新，但技术创新在知识产权保护影响产业
结构升级的过程中却未能发挥中介效应。

表 6-8　　　　　东部和中西部地区空间面板模型的 LM 检验

变量	东部			中、西部		
	模型（1）和模型（2）	模型（3）和模型（5）	模型（4）和模型（6）	模型（1）和模型（2）	模型（3）和模型（5）	模型（4）和模型（6）
LM - lag	28.981	26.666	2.346	17.058	13.641	7.845
P - value	0.000	0.000	0.126	0.000	0.000	0.005
Robust LM - lag	28.735	26.716	1.590	16.142	12.796	9.772
P - value	0.000	0.000	0.207	0.000	0.000	0.002
LM - error	0.975	0.013	6.716	33.393	35.785	6.534
P - value	0.323	0.909	0.010	0.000	0.000	0.011
Robust LM - error	0.729	0.064	5.961	32.477	34.941	8.461
P - value	0.393	0.801	0.015	0.000	0.000	0.004

表 6 – 9　　　　　　　　　　　东部地区的回归结果

变量	(1)	(2)	(3)	(4)	(5)	(6)
	SLM		SLM		SEM	
	FE	RE	FE	RE	FE	RE
ρ/λ	0.192 ** (2.412)	0.135 ** (2.315)	0.206 ** (2.575)	0.162 *** (2.620)	0.890 *** (24.262)	0.882 *** (22.670)
lnipr	0.024 (1.350)	0.039 * (1.752)	0.030 * (1.868)	0.053 ** (2.152)	0.676 *** (2.638)	0.709 ** (2.502)
lnmar	0.005 (0.091)	−0.037 (−0.967)	0.019 (0.363)	−0.012 (−0.271)	0.388 (0.867)	0.362 (0.788)
lnfdi	0.022 (1.558)	0.041 *** (2.796)	0.027 * (1.753)	0.052 *** (2.589)	−0.081 (−0.910)	−0.040 (−0.496)
lnfin	0.029 (0.516)	−0.009 (−0.234)	0.057 (1.316)	0.037 (1.314)	−0.574 (−0.920)	−0.432 (−0.788)
lntra	−0.009 (−0.424)	−0.020 * (−1.910)	0.008 (0.367)	0.002 (0.302)	0.364 * (1.747)	0.413 ** (2.347)
lninv	0.012 (1.228)	0.020 * (1.815)	—	—	—	—
_cons	—	3.418 *** (6.769)	—	2.904 *** (5.545)	—	4.190 (1.322)
R^2	0.3279	0.7273	0.3212	0.6821	0.3145	0.4901
Log – L	271.5401	251.3844	270.5998	248.843	−16.0812	−49.6576
Hausman Test	5.21　(P – v = 0.5176)		27.81　(P – v = 0.00)		−2.34	
N	140	140	140	140	140	140

　　注：***、**、*分别表示在1%、5%和10%水平通过显著性检验；括号中数值为估计系数的 z 统计量。

表 6 – 10　　　　　　　　　　　中西部地区的回归结果

变量	(1) SLM FE	(2) SLM RE	(3) SLM FE	(4) SLM RE	(5) SLM FE	(6) SLM RE
ρ	0. 199 (1. 112)	0. 299 * (1. 730)	0. 228 (1. 342)	0. 309 * (1. 901)	0. 626 *** (15. 345)	0. 602 *** (12. 653)
lnipr	0. 020 (1. 338)	0. 030 * (1. 959)	0. 031 * (1. 920)	0. 034 ** (2. 278)	0. 616 *** (3. 851)	0. 624 *** (3. 835)
lnmar	− 0. 060 (− 1. 048)	− 0. 019 (− 0. 374)	− 0. 052 (− 0. 912)	− 0. 014 (− 0. 270)	0. 091 (0. 429)	0. 109 (0. 539)
lnfdi	0. 009 ** (2. 459)	0. 007 * (1. 790)	0. 011 *** (3. 065)	0. 008 ** (2. 174)	0. 065 (1. 263)	0. 083 (1. 436)
lnfin	− 0. 003 (− 0. 154)	0. 022 (0. 877)	0. 016 (0. 849)	0. 029 (1. 544)	0. 675 *** (3. 791)	0. 694 *** (4. 023)
lntra	0. 043 *** (3. 129)	0. 023 (1. 494)	0. 053 *** (3. 658)	0. 026 (1. 562)	0. 410 *** (3. 469)	0. 455 *** (3. 681)
lninv	0. 010 (1. 609)	0. 004 (0. 526)	—	—	—	—
_cons	—	2. 822 *** (3. 602)	—	2. 741 *** (3. 801)	—	− 4. 016 *** (− 3. 596)
R²	0. 4736	0. 1485	0. 4678	0. 1624	0. 9243	0. 7047
Log – L	569. 1247	525. 9823	567. 918	525. 832	21. 3989	− 37. 9387
Hausman Test	2. 30 (P – v = 0. 8903)		− 27. 24		− 9. 12	
N	280	280	280	280	280	280

注：***、**、*分别表示在 1%、5% 和 10% 水平通过显著性检验；括号中数值为估计系数的 z 统计量。

综合上述检验结果，本章研究发现，东部和中西部地区的技术创新对产业结构升级的影响存在明显差异，究其原因，主要在于技术创新提升产业结构的作用的实现有赖于创新成果的现实转化，这与各区域所具备的将科技成果转化为现实生产力的能力和环境有紧密关联。东部地区技术成果转移的市场平台、转移体系、激励机制等环境建设和制度配套比中西部地区更为完善，企业生产的技术能力也更强（庞瑞芝等，2014）。因此，技术创新在东部地区能有效推进产业结构升级，并充当知识产权保护影响产业结构升级的中介变量，但在中西部地区技术创新的这些作用都不显著。

第五节　研究结论及启示

加强知识产权保护作为中国扩大开放的重要举措之一，在经济新常态背景下，能否成为技术创新与产业结构升级的助推器，是新时期中国经济高质量发展和高水平对外开放面临的重要命题。本章在空间视角下将知识产权保护、技术创新与产业结构升级纳入同一分析框架，通过理论分析形成理论假设，并利用2004~2017年我国30个省市的面板数据，对理论假说进行计量检验。研究发现：第一，加强知识产权保护能有效促进产业结构升级；第二，技术创新能推动产业结构升级；第三，技术创新在知识产权保护影响产业结构升级的过程中具有中介效应，即知识产权保护不仅对产业结构升级有直接影响，还会通过技术创新对其产生间接影响；第四，分区域的进一步拓展分析的结果表明，技术创新对产业结构升级的作用，及其在知识产权保护影响产业结构升级过程中的中介效应存在区域差异性。

本章研究为加强知识产权保护的产业结构升级效应提供了经验证据，并揭示了其中的作用机制，对于从加强知识产权保护角度探寻促进产业结构升级的有效对策，具有重要政策含义。产业结构升级是经济高质量发展的必然选择，也是跃升全球价值链中高端的关键举措，而本书研究发现，加强知识产权保护能促进产业结构的合理化和高级化。为此，新阶段中国要进一步加强知识产权执法力度，以主动、互利、开放的知识产权保护战略更好地实行高水平开放，同时有理有利有节，反对以保护知识产权之名行贸易保护之实，维护发展中国家应有的权益。与此同时，考虑到技术创新在知识产权保护影响产业结构升级的过程中具有中介效应，因此，要充分发挥知识产权保护对技术创新的激励作用，加大创新成果的转化运用，推进创新链产业链深度融合，使创新成果源源不断地为产业结构升级提供动力之源。此外，针对技术创新对产业结构升级影响的区域差异性，当前应着力提升中西部地区科技成果转化的效率，完善技术转化的市场环境，建设开放性的技术转移服务体系，建立市场化导向的创新成果转化激励机制，构建区域间创新成果转化平台的共享机制，以东部地区的优势带动中西部地区协同发展。总之，加强知识产权保护是新时代强国建设的重要标志之一，充分发挥知识产权保护对技术创新的激励作用，以创新驱动产业结构升级，对打好产业高级化基础以及提升产业链现代化水平具有关键意义，对实现制造强国和贸易强国的目标具有重要作用。

第七章

知识产权保护与绿色发展

第一节 引 言

当前中国经济已从高速增长阶段转向高质量发展阶段，加快绿色发展，推进经济发展方式绿色转型，促进经济发展与生态环境保护"双赢"，是高质量发展的关键内容，是实现可持续发展的必由之路。《中国制造2025》中将"绿色发展"定为基本方针，提出发展循环经济，构建绿色制造体系，走生态文明的发展道路。《"十四五"工业绿色发展规划》中明确提出要统筹工业经济增长和低碳转型、绿色生产和绿色消费的关系，协同推进各行业、各地区的绿色发展。绿色发展强调经济系统、自然系统和社会系统的系统共生性，经济系统以绿色增长为基础，自然系统以绿色财富为基础，社会系统以绿色福利为基础，体现了绿色增长、绿色财富、绿色福利的耦合关系（胡鞍钢和周绍杰，2014）。绿色发展通过开发绿色技术，发展环境友好型产业，降低物耗和能耗，使经济社会发展与自然相协调（秦书生等，2015）。绿色发展需要绿色技术和绿色创新来支撑，知识产权保护是促进技术创新的重要保障，为绿色产业发展保驾护航，强化知识产权保护也能为绿色消费和绿色生活打造良好环境。深入探究知识产权保护与绿色发展之间的关联机制，对健全知识产权保护制度，加快实现绿色发展，促进经济、环境和社会的系统协调发展具有重要的理论价值和实践意义。

　　学者们对绿色发展进行了丰富的研究，归纳起来包括微观、中观和宏观三个层面（王辉龙和洪银兴，2017；唐勇军和李鹏，2019；谷军健和赵玉林，2020），其中，创新与绿色发展的相关文献为本章的研究提供了有益启示。李兰冰和李焕杰（2021）针对城市层面的研究显示，技术创新对城市绿色发展具有促进作用，传导机制主要表现为节能效应、减排效应与产业升级效应，且促进作用因区域的资源丰裕度、环境规制强度、经济发展水平不同而有所差异。滕堂伟等（2019）以长江经济带为研究对象，分析发现该区域的科技创新与绿色发展的耦合度及协调度整体呈上升趋势，协调性具有空间溢出效应，其中长三角地区的协调度明显高于其他地区。张小筠等（2020）针对制造业行业层面的研究表明，技术创新能帮助企业实现节能减排，是制造业绿色发展的内在驱动力，分行业的实证研究显示，技术创新只驱动了低竞争性行业的绿色发展，难以驱动高竞争性行业的发展。王文平和钱丽（2021）选择中国各省规上工业企业进行研究，发现技术创新强度对工业绿色发展效率有显著的非线性影响，随着制度环境的优化，技术创新强度对工业绿色发展效率的影响由阻碍转化为促进。围绕知识产权保护展开的研究中，鲜见关于知识产权保护与绿色发展直接关联的研究，与本章主题相关的研究主要包括知识产权保护与绿色创新、知识产权保护与环境改善（彭衡和李扬，2019；王曼曼等，2020；费开智，2020；杨上广和郭丰，2022）。肖振红和李炎（2022）基于省级面板数据的研究表明知识产权保护在一定条件下对绿色创新具有正向影响，主要通过研发人力资源投入和经费投入实现，知识产权保护对绿色创新效益的影响存在"最优保护区间"，即适度的知识产权保护有利于绿色创新。张磊等（2021）的跨国面板实证研究结果显示，知识产权保护水平的提升总体有助于降低雾霾污染，并且这种环境改善效应在发展中国家更大，从影响渠道看，知识产权保护主要通过企业技术创新减轻雾霾污染。

　　现有文献为本章的深入研究奠定了良好的基础，但仍存在一些有待完善之处：第一，已有研究较多集中于技术创新与绿色发展的关联，缺乏对知识产权保护如何影响绿色发展相关内容的分析。第二，学者们的研究较多采用普通面板模型，忽视了知识产权保护、绿色发展等因素可能存在的空间相关性和空间依赖性，普遍面板模型的分析结果可能存在偏误。第三，企业是重要的创新主体，在知识产权保护影响绿色发展的过程中，企业创新起着怎样的作用，有待实证的检验。针对这些问题，本章选取 2004～2019 年中国 30 个省市的面板数据，在科学测度绿色发展水平的基础上，运用空间面板模型分析知识产权保护对绿色发展的影响，以及企业创新在其中所发挥的作用。

第二节 理论机制与研究假设

加强知识产权保护通过激励绿色创新，加快绿色技术转移，提振绿色消费实现对绿色发展的促进作用。第一，强化知识产权保护能促进绿色创新，推动绿色发展。绿色创新是具有"绿色"属性的技术创新，其具体技术领域包括太阳能、风能等可再生能源技术、汽车节能减排技术、低碳技术、环保技术等。有效的知识产权保护能保护绿色技术创新主体的收益，激发绿色技术创新活力，加大绿色创新产出。加大知识产权司法保护力度提高了绿色技术的模仿成本，营造了良好的绿色创新环境。绿色创新为经济发展方式的绿色转型提供了重要驱动。第二，知识产权保护制度是获得绿色技术转移的重要制度支撑，是绿色发展的有力保障。完善的知识产权保护制度明确了创新成果的所有权，激励创新行为，其"专利公开"原则能避免技术创新领域的信息不确定性，降低技术转让的交易成本，促进绿色技术转移（彭衡和李扬，2019）。因此，发展中国家加强知识产权保护，有利于通过商品贸易、外商直接投资、技术许可、技术交流等方式获得绿色先进技术，促进绿色经济发展。第三，强化知识产权保护能缓解绿色供需矛盾，促进绿色发展。从消费端来看，当前居民环保意识和绿色消费偏好不断增强，绿色消费已具备一定基础；从供给端看，绿色产品供给不足，绿色技术水平相对较低，绿色物流发展缓慢。加强知识产权保护，能有效激励企业增加绿色低碳产品的技术研发，驱动绿色消费领域的技术进步和科技创新，丰富绿色产品供给，运用物联网、人工智能技术实现绿色运输和配送，通过供给端的绿色科技创新与成果应用拉动绿色消费需求，推动绿色发展。由此，提出研究假设1：

假设1：加强知识产权保护对绿色发展有促进作用。

企业是创新的重要主体，加强知识产权保护有利于企业创新。首先，加强知识产权保护有助于企业增加研发投入，加快创新步伐。薄弱的知识产权保护制度增加了市场中的专利侵权、技术模仿行为，抑制了企业创新热情；加强知识产权保护力度能增强企业加大研发投入的动力，推动企业创新。其次，企业的研发活动大多受资金不足和融资约束的制约，加强知识产权保护能提升创新型企业的竞争力，拓宽融资渠道，缓解企业研发融资约束，加大研发活动，促进企业创新。

企业创新通过实现节能和减排促进绿色发展。从节能角度看，企业在资源循环利用、智能化控制等方面的技术进步能提升资源和能源的利用效率，节能领域的技术创新使企业降低生产的能耗与物耗，推动资源节约集约利用，在减少环境污染的同时实现经济效益。从减排角度看，企业创新有助于淘汰污染严重的落后生产技术，升级技术装备，推广清洁能源的使用，改善能源消费结构，减少工业废水、废气、粉尘等污染物的排放，促进绿色发展。由此，提出研究假设2。

假设2：企业创新在知识产权保护促进绿色发展的过程中发挥中介作用。

第三节　模型设定与数据说明

一、计量模型的设定

（一）知识产权保护对绿色发展影响的检验模型

首先，在不考虑空间溢出效应的情况下，建立如下模型：

$$\text{gre}_{it} = \alpha_0 + \alpha_1 \text{ipp}_{it} + \alpha_2 C_{it} + \varphi_i + \varepsilon_{it} \qquad (7.1)$$

模型（7.1）中 gre 表示绿色发展，ipp 表示知识产权保护水平，C 表示控制变量，α_0 代表常数项，α_1、α_2 为各变量的待估系数，φ_i 表示各省份不可观测的个体固定效应，ε 为随机扰动项，i、t 分别表示地区、年份。

由于我国不同省市间的知识产权保护、绿色发展存在不同程度的空间相关性，传统计量模型不考虑空间溢出性和空间依赖性，回归结果可能出现偏误。空间计量模型能一定程度减少模型设置的偏误，解释空间交互影响，回归结果更为准确、可信。空间滞后模型（SLM）和空间误差模型（SEM）分别在传统计量模型中引入了空间滞后项和空间自相关误差项，是空间计量模型的基本类型。因此，构建如下的 SLM 和 SEM 模型进行实证检验：

$$\text{gre}_{it} = \gamma_0 + \rho \sum W\text{gre}_{it} + \gamma_1 \text{ipp}_{it} + \gamma_2 C_{it} + \varphi_i + \mu_t + \varepsilon_{it} \qquad (7.2)$$

$$\text{gre}_{it} = \gamma_0 + \gamma_1 \text{ipp}_{it} + \gamma_2 C_{it} + \varphi_i + \mu_t + \varepsilon_{it}, \quad \varepsilon_{it} = \lambda W_s + \eta_{it} \qquad (7.3)$$

模型（7.2）为空间滞后模型，模型（7.3）为空间误差模型，其中 W 是空间权重矩阵，$\sum W\text{gre}_{it}$ 是被解释变量的空间滞后项，系数 ρ 为空间滞后系数，系数 λ 为空间误差系数，η_{it} 是 ε_{it} 的随机误差项，服从正态分布。空间滞后模型和空间误差模型中最优模型的选择，可依据 LM 检验做出判断，似然值的自然对数、拟合优度也可用于模型的比较。

（二）企业创新的中介效应检验

为考察知识产权保护通过企业创新促进绿色发展的中介渠道是否存在，引入企业创新（inov）作为中介变量，首先设立如下中介效应模型：

$$\text{inov}_{it} = \theta_0 + \theta_1 \text{ipp}_{it} + \theta_2 C_{it} + \varphi_i + \mu_t + \varepsilon_{it} \qquad (7.4)$$

$$\text{gre}_{it} = \beta_0 + \beta_1 \text{ipp}_{it} + \beta_2 \text{inov}_{it} + \beta_3 C_{it} + \varphi_i + \mu_t + \varepsilon_{it} \qquad (7.5)$$

根据逐步法中介效应检验步骤，模型（7.1）、模型（7.4）、模型（7.5）构成了完整的中介效应检验过程，如果回归系数 α_1、θ_1、β_2 都显著，表明企业创新（inov）在知识产权保护促进绿色发展的过程中存在显著的中介效应，此时，如果 β_1 不显著，表明知识产权保护（ipp）的直接效应不显著，inov 产生完全中介效应，如果 β_1 显著，表明 ipp 具有直接效应，inov 产生部分中介效应。

考虑到空间相关性的存在，构建空间滞后模型和空间误差模型进行中介效应检验：

$$\text{inov}_{it} = \delta_0 + \rho \sum \text{Winov}_{it} + \delta_1 \text{ipp}_{it} + \delta_2 C_{it} + \varphi_i + \mu_t + \varepsilon_{it} \quad (7.6)$$

$$\text{gre}_{it} = \sigma_0 + \rho \sum \text{Wgre}_{it} + \sigma_1 \text{ipp}_{it} + \sigma_2 \text{inov}_{it} + \sigma_3 C_{it} + \varphi_i + \mu_t + \varepsilon_{it} \quad (7.7)$$

$$\text{inov}_{it} = \delta_0 + \delta_1 \text{ipp}_{it} + \delta_2 C_{it} + \varphi_i + \mu_t + \varepsilon_{it}, \ \varepsilon_{it} = \lambda W_s + \eta_{it} \quad (7.8)$$

$$\text{gre}_{it} = \sigma_0 + \sigma_1 \text{ipp}_{it} + \sigma_2 \text{inov}_{it} + \sigma_3 C_{it} + \varphi_i + \mu_t + \varepsilon_{it}, \ \varepsilon_{it} = \lambda W_s + \eta_{it} \quad (7.9)$$

模型（7.6）和模型（7.7）为空间滞后模型，模型（7.8）和模型（7.9）为空间误差模型。模型（7.2）、模型（7.6）和模型（7.7）构成了完整的中介效应检验的空间滞后模型，模型（7.3）、模型（7.8）和模型（7.9）构成了完整的中介效应检验空间误差模型。

二、变量与数据说明

1. 被解释变量：绿色发展（gre）。从绿色生产和绿色生活两方面考量绿色发展水平。前文对经济高质量发展水平从创新、协调、绿色、开放、共享五个维度进行了综合测度，选择其中的绿色发展指标值进行实证分析。具体测度方法见第二章。

2. 解释变量：知识产权保护（ipp）。知识产权保护实际水平由知识产权保护的立法水平和执法水平相乘而得，具体的度量方法参考关成华等（2018）。为保证回归结果的可靠性，采用李平和史亚茹（2019）的方法，对知识产权保护水平再次测算，进行稳健性检验（ippsub）。

3. 中介变量：企业创新（inov）。文中以规模以上工业企业发明专利的申请量表征。

4. 控制变量：选取外商直接投资、固定资产投资、环境规制、贸易开放水平作为控制变量。外商直接投资（fdi）以外商直接投资额占 GDP 的比重度量，固定资产投资（fainv）以固定资产投资占 GDP 的比重表示，环境规制（polinv）使用工业污染治理投资完成额占工业增加值的比重表征，贸易开放水平（open）以进出口总额占 GDP 的比重度量。

基于数据的可得性，采用了 2004～2019 年中国 30 个省级行政区的面板数据（西藏自治区、香港地区、澳门地区和台湾地区未包含在内），数据来源于《中国统计年鉴》、《中国科技统计年鉴》、中国经济金融研究数据库、EPS 数据库，以及各省市的地方统计年鉴，少量缺失数据采用插值法或均值法补齐。所有数据以 2004 年为基期，并进行对数处理。表 7－1 和表 7－2 列出了变量的名称、含义和描述性统计量。

表 7－1　　　　　　　　　　　　**变量的名称及含义**

变量符号	变量名称	变量定义
被解释变量		
gre	绿色发展	由绿色生产、绿色生活两个子指标构成，取对数
解释变量		
ipp	知识产权保护	知识产权保护立法水平与执法水平的乘积，取对数
ippsub		
中介变量		
inov（件）	企业创新	规上工业企业发明专利申请数，取对数
控制变量		
fdi（%）	外商直接投资	外商直接投资额占 GDP 的比重，取对数
fainv（%）	固定资产投资	固定资产投资占 GDP 的比重，取对数
polinv（%）	环境规制	工业污染治理投资完成额占工业增加值的比重，取对数
open（%）	贸易开放水平	进出口总额占 GDP 的比重，取对数

表 7 – 2 变量的描述性统计量

变量	均值	中位数	最大值	最小值	标准差	样本量（个）
gre	− 3.291	− 3.257	− 2.692	− 4.767	0.378	480
ipp	1.112	1.114	1.509	0.712	0.158	480
ippsub	1.029	1.075	1.727	0.392	0.250	480
inov	7.276	7.402	11.706	0.693	1.81	480
fdi	0.415	0.599	2.103	− 4.576	1.063	480
fainv	4.155	4.205	4.997	3.044	0.387	480
polinv	− 1.105	− 1.07	1.131	− 4.062	0.79	480
open	2.901	2.696	5.117	0.129	0.969	480

第四节 实证结果与分析

一、全局空间自相关检验

在空间计量分析之前首先要检验研究对象是否存在空间相关性，以确定是否要引入空间变量。Moran's I 指数法是最为常见的检验方法。本章的研究同时采用地理权重矩阵、经济权重矩阵作为空间权重矩阵，以保证分析结果的稳健性，其中，地理空间权重矩阵选取各地区省会城市之间最短距离的倒数构建，经济空间权重矩阵在地理权重矩阵基础上，使用 2004 ~ 2019 年的人均 GDP 计算，具体的计算公式参考陈丰龙等（2018）。

2004 ~ 2019 年的全局空间自相关检验的结果如表 7 – 3 所示，在两种不同的空间权重矩阵下，知识产权保护、绿色发展、企业创新的 Moran's I 指数值均为正数，除 2004 年经济权重矩阵下的绿色发展、2019 年地理权重矩阵下的知识产权保护外，其余年份的 Moran's I 都通过了显著性检验。检验结果表明，我国各地区的知识产权保护、绿色发展、企业创新在空间分布上存在显著的空间正相关性。从 Moran's I 的数值上看，知识产权保护的空间相关性弱于绿色发展和企业创新，从指数值的时间趋势看，知识产权保护的空间依赖性呈波动变化，绿色发展和企业创新的空间依赖性在明显上升后又出现缓慢下降。

表 7-3　　　　　2004～2019 年知识产权保护、企业创新、
绿色发展的全局 Moran's I 指数

年份	地理权重矩阵			经济权重矩阵		
	ipp	gre	inov	ipp	gre	inov
2004	0.066 ***	0.060 ***	0.092 ***	0.075 ***	0.018	0.099 ***
2005	0.043 ***	0.078 ***	0.058 ***	0.059 **	0.038 *	0.059 **
2006	0.068 ***	0.089 ***	0.033 *	0.09 ***	0.055 **	0.032 *
2007	0.104 ***	0.105 ***	0.047 **	0.124 ***	0.072 ***	0.046 **
2008	0.099 ***	0.112 ***	0.088 ***	0.123 ***	0.074 ***	0.083 ***
2009	0.079 ***	0.117 ***	0.116 ***	0.099 ***	0.073 ***	0.109 ***
2010	0.041 ***	0.112 ***	0.091 ***	0.057 ***	0.068 ***	0.083 ***
2011	0.059 ***	0.107 ***	0.124 ***	0.075 ***	0.06 **	0.112 ***
2012	0.065 ***	0.113 ***	0.114 ***	0.079 ***	0.069 ***	0.104 ***
2013	0.029 **	0.119 ***	0.120 ***	0.04 *	0.074 ***	0.111 ***
2014	0.065 ***	0.116 ***	0.126 ***	0.076 ***	0.072 ***	0.115 ***
2015	0.060 ***	0.122 ***	0.120 ***	0.073 ***	0.08 ***	0.107 ***
2016	0.041 ***	0.111 ***	0.122 ***	0.05 **	0.068 ***	0.109 ***
2017	0.036 **	0.105 ***	0.108 ***	0.05 **	0.064 **	0.095 ***
2018	0.036 **	0.103 ***	0.110 ***	0.054 **	0.059 **	0.096 ***
2019	0.011	0.102 ***	0.105 ***	0.031 *	0.058 **	0.092 ***

注：*** 、** 、* 分别表示在 1% 、5% 和 10% 水平通过显著性检验。

由于主要研究对象均具有显著的空间相关性，忽略这些变量的空间溢出效应，实证分析结果可能会有偏误。因此，本章在基准面板模型的基础上，构建空间计量模型进行回归分析。

二、知识产权保护对绿色发展影响的检验

(一) 全样本检验

本部分采用固定效应模型进行回归分析。在空间计量分析前，首先对全样本进行普通面板模型分析，结果如表 7 - 4 所示。表 7 - 4 的列 (1) 中纳入了解释变量和所有控制变量，列 (2) 中将知识产权保护替换为另一方法度量的代理变量 (ippsub)，列 (3) 和列 (4) 分别采用滞后一期和滞后二期的知识产权保护进行回归分析，列 (5) 中使用面板工具变量法，采用滞后一期和滞后二期的技术市场实际成交额 (以 2004 年为基期) 作为工具变量。表 7 - 4 的回归结果中，知识产权保护的系数均显著为正，且都通过了 1% 显著性水平的检验，列 (1)、列 (3) 和列 (4) 中，知识产权保护系数依次递减。结果证明，在不考虑空间溢出效应的情况下，知识产权保护水平的提升能显著促进绿色发展，且这种正向影响存在一定的滞后效应。控制变量方面，固定资产投资的系数显著为正，环境规制和贸易开放水平的系数显著为负，表明不考虑空间相关性和空间依赖性的情形下，增加固定资产投资能促进绿色发展，贸易开放和环境规制的加强则抑制了绿色发展。

表 7 - 4 全样本普通面板模型

变量	(1)	(2)	(3)	(4)	(5)
ipp	0.719 *** (6.688)	—	—	—	0.803 *** (7.983)
fdi	0.026 (1.058)	0.022 (0.895)	0.014 (0.635)	0.004 (0.203)	0.013 (1.105)
fainv	0.138 * (2.021)	0.130 * (1.915)	0.155 ** (2.303)	0.157 ** (2.467)	0.069 ** (2.197)

续表

变量	（1）	（2）	（3）	（4）	（5）
polinv	− 0. 033 ** （ − 2. 288）	− 0. 045 *** （ − 3. 368）	− 0. 034 ** （ − 2. 409）	− 0. 042 *** （ − 3. 287）	− 0. 019 * （ − 1. 772）
open	− 0. 154 ** （ − 2. 257）	− 0. 147 ** （ − 2. 117）	− 0. 154 ** （ − 2. 407）	− 0. 151 ** （ − 2. 641）	− 0. 148 *** （ − 7. 244）
ippsub	—	0. 405 *** （5. 536）	—	—	—
l. ipp	—	—	0. 636 *** （6. 750）	—	—
l2. ipp	—	—	—	0. 538 *** （6. 419）	—
_cons	− 4. 263 *** （ − 11. 297）	− 3. 880 *** （ − 9. 730）	− 4. 217 *** （ − 11. 472）	− 4. 116 *** （ − 11. 907）	—
N	480	480	450	420	420
adj. R − sq	0. 565	0. 556	0. 566	0. 566	0. 560

注： ***、 **、 *分别表示在1% 、5% 和10% 水平通过显著性检验；括号中的数值为 t 值或 z 值。

为了考察空间滞后模型和空间误差模型的适用性，本章进行了 LM 检验，表 7 - 5 和表 7 - 6 中的列（1）是全样本不同权重矩阵 LM 检验的结果。全样本回归在地理权重矩阵下，SLM 模型与 SEM 模型的 LM 统计量和 Robust LM 统计量均在 1% 的水平上显著，无法筛选出最优模型，因此需结合实证结果进一步分析，在经济权重矩阵下，SLM 模型更优。

表 7 - 5　　　　　　　**空间面板模型的 LM 检验（地理权重矩阵）**

项目	1 全样本	2 知识产权 保护水平 中高地区	3 知识产权 保护水平 中低地区	4 技术市场 实际成交 额中高 地区	5 技术市场 实际成交 额中低 地区	6 中介效应： ipp 为被 解释变量	7 中介效应： inov 为被 解释变量
LM − lag	47. 187	5. 694	24. 696	17. 828	15. 584	94. 966	164. 96
P − value	0. 000	0. 017	0. 000	0. 000	0. 000	0. 000	0. 000

续表

项目	1 全样本	2 知识产权保护水平中高地区	3 知识产权保护水平中低地区	4 技术市场实际成交额中高地区	5 技术市场实际成交额中低地区	6 中介效应：ipp 为被解释变量	7 中介效应：inov 为被解释变量
Robust LM – lag	36.572	8.054	19.581	24.587	5.473	82.487	118.428
P – value	0.000	0.005	0.000	0.000	0.019	0.000	0.000
LM – error	36.085	2.220	14.346	20.578	38.926	25.754	92.596
P – value	0.000	0.136	0.000	0.000	0.000	0.000	0.000
Robust LM – error	25.471	4.580	9.231	27.337	28.815	13.275	46.064
P – value	0.000	0.032	0.002	0.000	0.000	0.000	0.000

表 7 – 6　　　　　　　　空间面板模型的 LM 检验（经济权重矩阵）

项目	1 全样本	2 知识产权保护水平中高地区	3 知识产权保护水平中低地区	4 技术市场实际成交额中高地区	5 技术市场实际成交额中低地区	6 中介效应：ipp 为被解释变量	7 中介效应：inov 为被解释变量
LM – lag	34.869	0.757	14.214	8.766	13.973	73.607	123.591
P – value	0.000	0.384	0.000	0..003	0.000	0.000	0.000
Robust LM – lag	29.996	1.998	8.986	14.307	5.437	68.875	88.972
P – value	0.000	0.158	0.003	0.000	0.020	0.000	0.000
LM – error	11.218	4.628	29.316	28.970	35.734	6.338	75.312
P – value	0.001	0.031	0.000	0.000	0.000	0.012	0.000
Robust LM – error	6.345	5.868	24.087	34.512	27.197	1.606	40.693
P – value	0.012	0.015	0.000	0.000	0.000	0.205	0.000

表 7 – 7 为全样本空间模型回归结果，其中列（1）和列（2）对应地理权重矩阵，列（3）和列（4）对应空间权重矩阵。各表内的 SLM 指空间滞后模型的结果，SEM 指空间误差模型的结果。表 7 – 8 的回归结果中

系数 ρ 和 λ 均显著为正，验证了全局空间自相关检验的结果，说明绿色发展具有正的空间溢出效应，列（4）的结果显示本省绿色发展水平的指标值每升高1%，相邻省份的指标值可上升约0.8%或0.9%。表7-7中知识产权保护系数在不同权重矩阵和不同空间模型中均显著为正，体现出回归结果的稳健性，和普通面板模型相比，系数值明显下降，也表明控制空间溢出效应的必要性。研究假设1得到验证，加强知识产权保护能显著推动绿色发展。关于模型的适用性选择，结合 LM 检验、似然值的自然对数、拟合优度，表7-7中在不同权重下的 SLM 模型均为最优模型。控制变量的结果与普通面板模型差异较大，仅外商直接投资的系数显著为正，表明在考虑了空间溢出效应后，其余三个控制变量的影响在统计学意义上不再显著，外商直接投资通过技术溢出能推动国内绿色发展步伐。

表7-7　　　　　　　　　　　全样本空间面板模型

变量	SLM（1）	SEM（2）	SLM（3）	SEM（4）
ipp	0.283 ***（3.823）	0.186 *（1.821）	0.314 ***（4.365）	0.213 **（1.998）
fdi	0.050 ***（3.360）	0.057 ***（3.869）	0.048 ***（3.242）	0.054 ***（3.558）
fainv	-0.035（-0.928）	-0.094 *（-1.821）	-0.030（-0.761）	-0.076（-1.509）
polinv	-0.006（-0.513）	0.001（0.038）	-0.007（-0.628）	0.003（0.185）
open	-0.064（-1.240）	-0.037（-0.661）	-0.072（-1.377）	-0.036（-0.620）
ρ/λ	0.808 ***（12.599）	0.903 ***（25.130）	0.806 ***（12.424）	0.912 ***（28.398）
R-sq	0.6518	0.0026	0.6848	0.0148
Log-L	439.7262	435.596	429.7006	417.6066
N	480	480	480	480

注：***、**、* 分别表示在1%、5%和10%水平通过显著性检验；括号中的数值为 z 值。

（二）异质性检验

我国各地区的经济发展水平存在差异，知识产权司法保护、行政保护情况，知识产权保护的制度完善程度、地区的知识产权保护服务等也各有不同，知识产权保护对绿色发展的影响可能表现出区域的异质性。本章按知识产权保护的中位数对全样本进行划分，比较在知识产权保护发展处于中高、中低水平地区，知识产权保护对绿色发展的影响是否有差别。此外，我国各省市知识产权成果转化应用的数量与质量存在较大差别，地区的知识产权保护对绿色发展的影响程度可能也不尽相同，本章按技术市场实际成交额的中位数对全样本进行划分，比较在知识产权运用水平不同的地区，知识产权保护对绿色发展的影响有无差异。异质性检验结果见表 7 - 8 ~ 表 7 - 12。表 7 - 8 为普通面板模型回归结果，列（1）和列（2）分别是知识产权保护水平处于中高地区、中低地区的回归结果，列（3）和列（4）是技术市场实际成交额处于中高、中低水平地区的实证结果。回归结果显示，在不考虑空间溢出效应的情况下，知识产权保护在各地区都存在显著的促进绿色发展的作用，但在知识产权保护和知识产权运用发展水平较好的地区，促进作用更强。

表 7 - 8　　　　　　　　　　异质性检验：普通面板模型

变量	（1）	（2）	（3）	（4）
ipp	0.920 *** (5.224)	0.546 *** (3.750)	0.728 *** (4.400)	0.670 *** (4.662)
fdi	0.016 (1.034)	0.017 (0.489)	- 0.024 (- 0.785)	0.054 *** (3.072)
fainv	- 0.047 (- 0.380)	0.265 *** (4.182)	0.031 (0.282)	0.257 *** (3.961)
polinv	- 0.032 (- 1.660)	- 0.023 (- 1.580)	- 0.029 (- 1.635)	- 0.035 (- 1.483)

续表

变量	（1）	（2）	（3）	（4）
open	− 0. 150 （− 1. 382）	− 0. 187 ** （− 2. 921）	− 0. 166 * （− 1. 920）	− 0. 136 （− 1. 610）
_cons	− 3. 743 *** （− 5. 034）	− 4. 546 *** （− 15. 084）	− 3. 677 *** （− 6. 346）	− 4. 850 *** （− 11. 903）
R − sq	0. 470	0. 718	0. 602	0. 589
N	240	240	240	240

注：***、**、* 分别表示在1%、5%和10%水平通过显著性检验；括号中的数值为 t 值。

表 7 − 9 和表 7 − 10 分别为地理权重矩阵、经济权重矩阵下按知识产权保护水平分类的异质性检验结果，表中的列（1）和列（2）为中高水平地区，列（3）和列（4）为中低水平地区。回归结果中的系数 ρ 和 λ 都为正值，并通过了 1% 显著性水平上的检验，验证了在知识产权保护发展水平不同的地区，绿色发展存在明显的空间聚集特征。知识产权保护系数除表 7 − 9 的列（2）以外，其余各列中都显著为正。结合表 7 − 5 和表 7 − 6 的 LM 检验，以及回归结果中似然值的自然对数、拟合优度，可确定表 7 − 9 中的最优模型为列（1）和列（3）的 SLM 模型，表 7 − 10 中的最优模型为列（2）的 SEM 模型和列（3）的 SLM 模型。比较各最优模型的知识产权保护系数后发现，在知识产权保护较好的地区，加强知识产权保护对绿色发展所起到的积极促进作用明显强于知识产权保护较薄弱的地区，这与普通面板模型得出的结论一致。

表 7 − 9   异质性检验（按知识产权保护水平分类）：地理权重矩阵

变量	SLM （1）	SEM （2）	SLM （3）	SEM （4）
ipp	0. 558 *** （4. 752）	0. 345 （1. 619）	0. 193 ** （2. 418）	0. 185 * （1. 845）
fdi	0. 041 *** （3. 399）	0. 050 * （1. 947）	0. 022 （0. 681）	0. 015 （0. 438）

续表

变量	SLM （1）	SEM （2）	SLM （3）	SEM （4）
fainv	−0.091 （−0.986）	−0.136 （−1.613）	0.001 （0.019）	−0.033 （−0.733）
polinv	−0.004 （−0.242）	0.011 （0.384）	−0.017 （−1.431）	−0.019 （−1.259）
open	−0.077 （−0.836）	−0.038 （−0.353）	−0.130** （−2.288）	−0.125* （−1.915）
ρ/λ	0.608*** （4.946）	0.793*** （7.367）	0.759*** （12.716）	0.880*** （18.711）
R−sq	0.5578	0.0159	0.7704	0.4392
Log−L	166.0207	159.5556	286.5223	276.7975
N	240	240	240	240

注：***、**、*分别表示在1%、5%和10%水平通过显著性检验；括号中的数值为z值。

表7−10 异质性检验（按知识产权保护水平分类）：经济权重矩阵

变量	SLM （1）	SEM （2）	SLM （3）	SEM （4）
ipp	0.578*** （5.014）	0.439* （1.860）	0.199** （2.534）	0.189* （1.876）
fdi	0.038*** （3.008）	0.040* （1.786）	0.021 （0.665）	0.017 （0.483）
fainv	−0.088 （−0.931）	−0.118 （−1.315）	−0.002 （−0.061）	−0.025 （−0.547）
polinv	−0.007 （−0.376）	0.008 （0.272）	−0.017 （−1.408）	−0.020 （−1.277）
open	−0.083 （−0.896）	−0.040 （−0.336）	−0.128** （−2.299）	−0.125* （−1.956）

续表

变量	SLM （1）	SEM （2）	SLM （3）	SEM （4）
ρ/λ	0.592 *** （4.865）	0.766 *** （5.294）	0.767 *** （13.153）	0.882 *** （18.921）
R - sq	0.5717	0.1773	0.7729	0.479
Log - L	163.9422	153.8927	287.4876	277.4361
N	240	240	240	240

注：*** 、** 、* 分别表示在1%、5%和10%水平通过显著性检验；括号中的数值为 z 值。

表 7－11 和表 7－12 分别为地理权重矩阵、经济权重矩阵下按技术市场实际成交额分类的异质性检验结果，表中的列（1）和列（2）为中高水平地区，列（3）和列（4）为中低水平地区。回归结果中系数 ρ 和 λ 依然显著为正，验证了在知识产权运用水平不同的地区，绿色发展存在明显的空间正相关性。表中知识产权保护的系数都为正，在 SLM 模型中均在 1%水平上显著，但在 SEM 模型中知识产权保护的系数都不显著。结合表 7－5 和表 7－6 的 LM 检验，以及回归结果中似然值的自然对数、拟合优度，可确定表 7－11 中的最优模型为列（1）和列（3），表 7－12 中的最优模型为列（1）和列（3），均为 SLM 模型。比较各最优模型的知识产权保护系数后发现，在技术市场成交规模较大的地区，强化知识产权保护对绿色发展所起到的推动作用大于技术市场成交规模较小的地区。

表 7－11　异质性检验（按技术市场实际成交额分类）：地理权重矩阵

变量	SLM （1）	SEM （2）	SLM （3）	SEM （4）
ipp	0.329 *** （3.291）	0.124 （1.383）	0.302 *** （3.280）	0.169 （1.503）
fdi	0.037 ** （1.994）	0.069 ** （2.357）	0.064 *** （3.997）	0.069 *** （4.312）

续表

变量	SLM （1）	SEM （2）	SLM （3）	SEM （4）
fainv	−0.052 （−0.643）	−0.106 （−1.252）	−0.007 （−0.225）	−0.132* （−1.664）
polinv	−0.005 （−0.318）	0.012 （0.535）	−0.028 （−1.471）	−0.034 （−1.588）
open	−0.056 （−1.058）	0.023 （0.457）	−0.084 （−1.336）	−0.041 （−0.758）
ρ/λ	0.725*** （7.812）	0.876*** （17.034）	0.727*** （10.133）	0.866*** （17.430）
R−sq	0.6774	0.2857	0.6638	0.0101
Log−L	279.8569	278.5055	179.9632	178.8651
N	240	240	240	240

注：***、**、*分别表示在1%、5%和10%水平通过显著性检验；括号中的数值为z值。

表 7−12　异质性检验（按技术市场实际成交额分类）：经济权重矩阵

变量	SLM （1）	SEM （2）	SLM （3）	SEM （4）
ipp	0.371*** （3.720）	0.152 （1.582）	0.318*** （3.485）	0.175 （1.516）
fdi	0.036* （1.789）	0.070** （2.410）	0.062*** （3.973）	0.068*** （4.276）
fainv	−0.055 （−0.633）	−0.103 （−1.290）	−0.006 （−0.177）	−0.111 （−1.482）
polinv	−0.007 （−0.441）	0.010 （0.442）	−0.028 （−1.424）	−0.035 （−1.576）
open	−0.071 （−1.268）	0.036 （0.695）	−0.081 （−1.296）	−0.041 （−0.745）

续表

变量	SLM （1）	SEM （2）	SLM （3）	SEM （4）
ρ/λ	0.671 *** （5.351）	0.861 *** （12.960）	0.731 *** （10.182）	0.868 *** （17.412）
R－sq	0.7049	0.2482	0.6662	0.0000
Log－L	272.3865	268.4794	179.5983	176.8498
N	240	240	240	240

注：***、**、* 分别表示在1%、5%和10%水平通过显著性检验；括号中的数值为z值。

（三）中介效应检验

前文的分析表明，知识产权保护对绿色发展有积极促进作用，为检验在知识产权保护与绿色发展之间企业创新可能发挥的中介作用，本章进行了普通面板模型和空间面板模型的中介效应检验。表7－13中的列（1）和列（2）为普通面板模型回归结果，分别对应前文中介效应检验的模型（7.4）和模型（7.5）；表7－13的列（3）~列（6）为地理权重矩阵下的回归结果，分别对应中介效应检验的模型（7.6）~模型（7.9）；表7－14为经济权重矩阵下的回归结果，也对应着模型（7.6）~模型（7.9）。

表7－13中的普通面板模型回归结果显示，列（1）和列（2）中知识产权保护的系数都显著为正，在加入了企业创新变量的列（2），知识产权保护的系数小于表7－13中列（1）的知识产权保护系数，表明在不考虑空间溢出效应的情况下，企业创新在知识产权保护与绿色发展之间发挥了部分中介效应。

结合表7－5和表7－6的LM检验，以及空间面板模型中似然值的自然对数、拟合优度，可确定表7－13中地理权重矩阵的最优模型为列（3）和列（4）的SLM模型，表7－14中经济权重矩阵的最优模型为列（1）和列（2）的SLM模型。最优模型的回归结果中，系数 ρ 和 λ 均显著为正，中介效应的检验过程再次验证了绿色发展存在空间正相关性。最优模型的分析结果显示，知识产权保护的系数均显著为正，且加入了企业创新变量的表 7 – 13 中的列（4）、表 7 – 14 中的列（2），其知识产权保护系数分别小于表 7 – 7 中列（1）、列（3）的知识产权保护系数，符合中介效应检验中的部分中介效应的系数值要求。经过完整规范的中介效应检验，证明了在不同空间权重矩阵下，企业创新在知识产权保护促进绿色发展的过程中都发挥着部分中介作用。研究假设 2 得到了验证。

表 7 – 13　　　中介效应检验：普通面板模型和空间面板模型（地理权重矩阵）

变量	FE (1)	FE (2)	SLM (3)	SLM (4)	SEM (5)	SEM (6)
ipp	4. 149 *** (6. 618)	0. 228 ** (2. 261)	0. 895 *** (2. 589)	0. 166 * (1. 785)	0. 683 * (1. 842)	0. 167 (1. 439)
inov	—	0. 118 *** (5. 107)	—	0. 055 ** (2. 310)	—	0. 057 (1. 001)
fdi	− 0. 127 (− 0. 843)	0. 041 *** (2. 773)	0. 018 (0. 296)	0. 051 *** (3. 652)	0. 022 (0. 334)	0. 054 *** (3. 444)
fainv	1. 583 *** (3. 604)	− 0. 049 (− 0. 924)	0. 408 *** (2. 656)	− 0. 078 * (− 1. 665)	0. 314 * (1. 731)	− 0. 106 * (− 1. 855)
polinv	− 0. 165 * (− 1. 752)	− 0. 013 (− 1. 075)	0. 032 (0. 755)	− 0. 004 (− 0. 298)	0. 059 (1. 127)	− 0. 004 (− 0. 229)
open	− 0. 528 (− 1. 696)	− 0. 091 * (− 1. 786)	0. 097 (0. 733)	− 0. 058 (− 1. 159)	0. 125 (1. 000)	− 0. 048 (− 0. 802)
_cons	− 2. 509 (− 1. 233)	− 3. 966 *** (− 15. 721)	—	—	—	—
ρ/λ	—	—	0. 858 *** (26. 740)	0. 602 *** (5. 286)	0. 940 *** (49. 343)	0. 848 *** (8. 098)
R – sq	0. 709	0. 719	0. 857	0. 7409	0. 4723	0. 6399
Log – L	—	—	− 157. 1929	458. 4189	− 177. 8601	443. 4693
N	480	480	480	480	480	480

注：*** 、** 、* 分别表示在 1% 、5% 和 10% 水平通过显著性检验；括号中的数值为 t 值或 z 值。

表 7 - 14 中介效应检验（经济权重矩阵）

变量	SLM (1)	SLM (2)	SEM (3)	SEM (4)
ipp	1. 067 *** (3. 082)	0. 174 * (1. 894)	0. 790 ** (2. 012)	0. 228 ** (2. 010)
inov	—	0. 062 *** (2. 661)	—	0. 115 *** (3. 166)
fdi	0. 012 (0. 196)	0. 049 *** (3. 615)	0. 022 (0. 326)	0. 043 *** (3. 038)
fainv	0. 399 ** (2. 444)	- 0. 080 * (- 1. 659)	0. 354 * (1. 746)	- 0. 074 (- 1. 351)
polinv	0. 027 (0. 599)	- 0. 004 (- 0. 355)	0. 044 (0. 827)	- 0. 010 (- 0. 714)
open	0. 078 (0. 575)	- 0. 063 (- 1. 262)	0. 143 (1. 116)	- 0. 081 (- 1. 329)
ρ / λ	0. 873 *** (28. 855)	0. 573 *** (4. 893)	0. 945 *** (54. 538)	0. 429 (1. 399)
R - sq	0. 8526	0. 7432	0. 5142	0. 7208
Log - L	- 166. 0032	453. 8618	- 190. 8566	430. 5983
N	480	480	480	480

注: *** 、 ** 、 * 分别表示在 1% 、5% 和 10% 水平通过显著性检验；括号中的数值为 z 值。

第五节　研究结论及启示

本章结合 2004 ~ 2019 年中国 30 个省级行政区的面板数据，实证检验了知识产权保护对绿色发展的影响及其区域异质性，以及在知识产权保护促进绿色发展的过程中，企业创新所发挥的中介作用。研究结果表明：第一，知识产权保护对绿色发展有显著正向影响，加强知识产权保护有助于促进绿色发展。第二，在知识产权保护水平不同的地区、技术市场成交规模存在差异的地区，知识产权保护对绿色发展的促进效应都显著存在，但在发展水平较高的地区，促进效应更强。第三，在知识产权保护促进绿色发展的过程中，企业创新发挥了部分中介作用。

本章的研究结论为促进绿色发展提供了有益启示。首先，在促进绿色发展的过程中，充分发挥知识产权保护的制度保障作用。加快完善绿色技术知识产权法律法规与政策，强化绿色技术知识产权保护机制，加大绿色技术知识产权保护水平。其次，考虑到企业创新在知识产权保护促进绿色发展的过程中具有的中介效应，需通过增强知识产权保护激励企业创新，加快知识产权服务体系建设，为企业创新主体提供知识产权服务支撑，激发企业绿色创新活力，有效带动绿色发展。

第八章

知识产权保护提升出口技术复杂度的作用机制研究

第一节 引　　言

2008 年突如其来的国际金融危机，打破了过去经济全球化持续几十年的繁荣发展，全球经济至此进入深度调整期。此间，世界经济不仅表现为前一轮科技革命和产业革命形成的推动力逐步衰弱，与此同时，与全球经济增长疲软相伴随的一个重要现象是，以往作为推动和引领经济全球化发展的美国等发达国家，经济表现相对欠佳，致使其在金融危机冲击之后，不断兴起单边主义、霸凌主义、逆全球化思潮且不断有新的表现。特别是2017 年以来特朗普政府不断升级对华贸易摩擦，并以所谓的"中国窃取知识产权"等为借口对中国进行指责并落实到实际行动，从本质上看，美国固然是假借"窃取知识产权"之名，行贸易保护主义之实，但与此同时我们也应当看到，伴随经济全球化深入发展，加强知识产权保护已经成为全球经贸谈判的核心议题之一。从中国开放型经济发展的实践经验看，虽然以"低端嵌入"的方式融入全球价值链分工体系，实现了制造业的长足发展，但规模的快速扩张并未逻辑地带动"筋骨之强"（金碚，2016），目前，中国制成品出口在关键技术领域仍然存在许多"卡脖子"现象，从而导致真实技术复杂度或者说国内技术复杂度不高问题（姚洋和张晔，

2008），正是开放条件下中国制造业发展之痛。而据世界知识产权组织（WIPO）2017 年发布的《2017 年世界知识产权报告：全球价值链中的无形资本》显示，在当前全球价值链分工条件下，企业制成品生产和销售的 1/3 价值增值来自品牌、外观设计和技术等"无形资本"。这一报告首次为"无形资产在国际制造业中发挥关键作用"提供了直接的量化证据，一定程度上说明提升出口技术复杂度的根本之道，就在于实施创新驱动发展战略。据此可见，无论是从应对经济全球化发展新形势、新变化的角度看，还是从提升中国创新能力和水平，进而在提升出口技术复杂度中实现价值链分工地位改善的现实需求角度看，加强知识产权保护已然成为新阶段中国开放发展的重要战略选择。正是基于这一现实背景和需求，习近平总书记在第二届"一带一路"国际合作高峰论坛开幕式的主旨演讲中指出，中国将采取一系列重大改革开放举措，促进更高水平对外开放，其中就包括更大力度加强知识产权保护国际合作。

目前，知识产权保护与出口技术复杂度的相关研究已经取得了丰富成果，但以国家、行业层面的研究为主，中国省份地区众多，区域的经济发展水平、实际知识产权保护水平等存在显著差异性。如果说，创新是加强知识产权保护提升出口技术复杂度的主要作用机制的话，那么，由于现有关于知识产权保护与创新相关性研究所得结论和观点并非一致，即部分学者认为知识产权保护与创新显著正相关（Yi and Naghavi，2017），而另外有学者则认为知识产权保护与创新负相关或者相关性很小（Lee and Kamal，2011），如此，就提出了一个很有理论和实践价值的课题：加强知识产权保护，能够提升中国出口技术复杂度吗？如果说答案是肯定的，那么其中的主要作用机制是什么？遗憾的是，针对上述重要命题的现有研究文献还较为罕见。鉴于此，本章在理论分析基础之上形成相应的机制假说，并进一步利用 2004～2017 年中国 30 个省级行政区的面板数据，通过实证分析对理论假说进行逻辑一致性计量检验。对上述问题作出初步探讨，不仅有助于我们深化认识中国出口技术复杂度的影响因素，而且对于从加强知识产权保护角度，探寻新时期实现制造业强国、贸易强国目标进而促进中国产业迈向全球价值链中高端的路径，具有一定的启发意义和政策含义。

第二节　理论机制与研究假设

有研究指出，制度质量对提升出口技术复杂度具有显著的正向作用（戴翔和金碚，2014）。基于上述意义，由于知识产权保护通常具有三个方面的重要属性，即产权安排机制属性、创新激励机制属性、有效的市场机制属性，从而有助于促进出口技术复杂度的提升。就产权安排机制属性而言，因其赋予创新成果财产权，使创新者的权益得到合法保护，使知识产权侵权行为得到有效抑制，确保了创新者的创新收益，对创新者具有保护功能。就知识产权创新激励机制属性而言，保护知识产权就是保护创新，知识产权保护的创新激励机制属性有效激发了创新者的创新热情，推进了创新成果的产业化运用，有利于出口技术复杂度的提升。就有效的市场机制属性而言，因其会促进市场竞争的公平化和有序化，营造良好的社会交易秩序，促进创新成果的交易与转化运用。同时，知识产权的公开功能，降低了研发资源的重复投入，使创新资源得以合理高效配置，有利于整体创新效率的提升，促进出口技术复杂度的提升。现有研究也发现，随着经济全球化的推进，完善的知识产权保护制度有利于融入全球价值链，全球价值链的嵌入通过"干中学"效应、技术溢出转移效应、技术创新倒逼效应等能显著提高出口技术复杂度，全球价值链的融入对提升出口技术复杂度有显著的正向影响（刘琳，2015）。由此，本章提出理论假说1：

理论假说1：知识产权保护对出口技术复杂度的提升具有正向的直接促进作用。

知识产权保护除了通过上述三个方面的重要属性，从而直接影响着出口技术复杂度之外，还会通过作用于其他影响出口技术复杂度的关键因素，而对出口技术复杂度产生间接作用。在现有文献所揭示的影响出口技术复杂度的关键因素中，我们认为，技术创新、外商直接投资、贸易开放度会受到知识产权保护的影响，从而对出口技术复杂度产生作用。

技术创新是提升出口技术复杂度的根本，而知识产权保护是激励技术创新、促进技术扩散的重要制度安排，是企业创新的制度保障，因此，加强知识产权保护，会激励国内出口企业增加研发投入、加快专利申请，以技术创新带动产业转型升级，提升出口产品的技术复杂度。一方面，知识产权保护为出口企业技术创新提供了公平有序的竞争环境，有利于出口企业自主创新能力的提升（Hudson and Minea，2013），知识产权保护制度的完善能增加企业的创新投入（徐晨和孙元欣，2019），推动技术创新本土化，提高出口技术复杂度。知识产权保护提高了仿制企业的模仿成本，使创新企业减少研发溢出损失，获得超额利润，激励持续性创新（Gangopadhyay and Mondal，2012），同时也倒逼更多的出口企业进行技术创新，促进出口技术复杂度的提升。但是另一方面，对于自身研发投入产出效率不高、自主创新实力不强的出口企业，知识产权保护抑制了仿制技术的产品出口，反而会影响出口技术复杂度的提升，徐晨和孙元欣（2019）认为企业具备一定的自主创新能力是释放知识产权保护制度红利的重要先决条件。与此同时，部分具有一定自主创新能力的出口企业，因专利技术产业化—产品化—市场化需要经历一个过程，甚至因为专利质量不高等原因导致产业化—产品化—市场化的失败，无法促进出口技术复杂度的提升，所以知识产权保护通过刺激技术创新影响出口技术复杂度存在不确定性。由此，本章提出理论假说 2：

理论假说 2：知识产权保护通过技术创新对出口技术复杂度产生的间接作用存在不确定性。

加强知识产权保护能降低产品和技术被模仿的风险，有利于吸引外商直接投资，增加跨国公司技术研发环节的进入，有利于激励跨国公司转入高技术含量的生产环节，外商直接投资通过技术溢出效应、学习效应、竞争效应、示范效应、人力流动效应、产业关联效应等推动出口技术复杂度的提升（Katharina and Stephan，2016）。但是，另外一方面，知识产权保护产生的技术垄断性，会使外商直接投资企业从利益最大化角度出发，延长技术更新周期，不利于出口技术复杂度的快速提升。东部地区现有的部分外商直接投资企业，产品技术含量并不高，外资进入时看中了东道国的政策红利、廉价的劳动力资源和原材料优势，并没有将技术研发环节、高技术含量的生产环节放在东道国。故而，知识产权保护通过外商直接投资对出口技术复杂度产生的间接作用存在不确定性，需要进一步验证。由此，本章提出理论假说3：

理论假说3：知识产权保护通过外商直接投资对出口技术复杂度产生的间接作用存在不确定性。

贸易开放能带来"技术外溢效应""技术倒逼效应""干中学效应""竞争效应"等，贸易开放程度越高，越能促进出口技术复杂度的提升（Coe et al.，1995）。贸易开放是发展中国家获取国际技术溢出的重要渠道，加强知识产权保护有利于发展中国家从发达国家进口更多的技术密集型产品（Canals and Sener，2014），通过进口贸易的技术外溢效应、进口贸易促进中间产品贸易的技术升级效应推动出口产品技术复杂度的提升。加强知识产权保护是中美贸易谈判的核心问题，在知识产权强保护背景下，出口贸易具有技术倒逼效应，倒逼出口企业技术创新，尤其是关键领域的"卡脖子"技术的自主可控。知识产权已成为国际贸易的"标配"，未来知识产权的竞争是出口贸易竞争的核心，离开知识产权的保驾护航，出口产品很难立足于国际市场。贸易开放过程中的"干中学效应""竞争效应"对出口技术复杂度的提升也会产生正的作用。由此，本章提出理论假说4：

理论假说4：知识产权保护通过贸易开放度对出口技术复杂度产生正的间接作用。

第三节　模型设定与数据说明

一、计量模型的设定

为考察知识产权保护水平对出口技术复杂度的直接作用，基本模型设定如下：

$$\ln ETS_{it} = \alpha_0 + \alpha_1 \ln IPP_{it} + \varphi \ln X_{it} + \mu_i + \varepsilon_{it} \qquad (8.1)$$

其中，i、t 分别表示地区、年份，ETS_{it} 表示 i 地区 t 年的出口技术复杂度。IPP_{it} 表示 i 地区 t 年的知识产权保护水平。X_{it} 表示控制变量，具体包括技术创新水平（STI_{it}），外商直接投资水平（FDI_{it}），贸易开放度（ITO_{it}）等。

为深入分析知识产权保护水平对出口技术复杂度的间接作用，模型引入技术创新、外商直接投资、贸易开放度及其交互项，Z_{nit} 代表引入交互的以上变量的简称，扩展模型设定为：

$$\ln ETS_{it} = \alpha_0 + \alpha_1 \ln IPP_{it} + \varphi \ln X_{it} + \sum \beta_n \ln IPP_{it} \times Z_{nit} + \mu_i + \varepsilon_{it}$$

$$(8.2)$$

为分析区域异质性，本章将经济发展水平、金融发展水平和人力资本水平分别纳入模型，设定区域异质性模型为：

$$\ln ETS_{it} = \alpha_0 + \alpha_1 \ln IPP_{it} + \varphi \ln X_{it} + \sum \beta_n \ln IPP_{it} \times Z_{nit}$$

$$+ \gamma_n \ln IPP_{it} \times I(lx_{it}) + \mu_i + \varepsilon_{it} \qquad (8.3)$$

其中，$I(lx_{it})$ 是一个示性函数，当 $lx_{it} \geqslant q$，$I(lx_{it}) = 1$，否则为 $I(lx_{it}) = 0$。lx_{it} 具体包括地区差异划分（PRD_{it}）、经济发展水平（ECO_{it}）、金融发展水平（FIN_{it}）和人力资本水平（HCL_{it}）。

二、变量与数据说明

（一）被解释变量

出口技术复杂度是本章的被解释变量，参照豪斯曼（Hausmann，2007）和代中强（2014）的测算方法，根据各年度各省市分产业的出口数据和人均生产总值计算得出，数据分别来源于《中国工业经济统计年鉴》和《中国统计年鉴》，具体计算公式如式（8.4）和式（8.5）所示：

$$PETS_k = \sum_i \frac{(x_{ik}/X_i)}{\sum_i (x_{ik}/X_i)} Y_I \qquad (8.4)$$

$$ETS_i = \sum_k \left(\frac{X_{ik}}{X_i}\right) PETS_K \qquad (8.5)$$

其中，ETS_i 为 i 省的出口技术复杂度，$PETS_k$ 为 k 产业的出口技术复杂度，x_{ik} 为 i 省 k 产业的出口额，X_i 为 i 省的出口总额，Y_i 为 i 省人均生产总值。

（二）核心解释变量

核心解释变量之一为知识产权保护水平，各省市的实际知识产权保护水平由立法意义上的知识产权保护水平与执法意义上的知识产权保护水平相乘而得到。其中，知识产权立法水平的度量包括知识产权保护覆盖范围、国际条约成员情况、执法机制、保护期限以及权利丧失的保护五个方面，知识产权执法水平的度量包括执法力度、知识产权保护意识、社会法制化水平、法律体系完备程度、经济发展水平、国际监督制衡机制六个方面，具体的度量指标、赋值标准和数据来源参考关成华等（2018），本章经过数据整理后测算而得各省市实际知识产权保护水平。

核心解释变量之二为知识产权保护与技术创新（STI）的交叉项，包括技术创新产出与技术创新投入。技术创新产出（或称专利产出，TIL）采用各省市的专利申请量来表征，数据来源于国家知识产权局统计年报。

技术创新投入（或称研发投入，RDL）以各省市研究与试验发展经费内部支出额与地区生产总值的比重来表征，数据来源于历年《中国科技统计年鉴》《中国统计年鉴》。

核心解释变量之三为知识产权保护与外商直接投资（FDI）的交叉项，外商直接投资以各省市实际利用外资额占地区生产总值的比重来表征，数据来源于历年《中国统计年鉴》。

核心解释变量之四为知识产权保护与贸易开放度（ITO）的交叉项，贸易开放度以各省市进出口总额与 GDP 的比重来表征，数据来源于历年《中国统计年鉴》。

（三）其他变量

技术创新、外商直接投资、贸易开放度同时作为主要控制变量放入计量模型。在门槛模型中，另外选取了地区差异划分、经济发展水平、金融发展水平、人力资本水平作为其他控制变量加入计量模型。其中，地区差异划分按照中国东部、中部、西部地区分类标准，经济发展水平以人均地区生产总值来表征；金融发展水平以各省市金融机构人民币各项存贷款余额之和与地区生产总值的比重来表征，数据来源于历年《中国金融年鉴》；人力资本水平用各省市劳动者平均受教育年限来表征，数据来源于历年《中国人口和就业统计年鉴》。

受数据可获得性的限制，本章采用了中国 30 个省级行政区 2004 ~ 2017 年的面板数据，未包含西藏自治区、香港地区、澳门地区和台湾地区。

第四节　实证结果与分析

由样本数据的描述统计（见表 8 - 1）可知，出口技术复杂度（lnets）为 16.791，知识产权保护水平（lnipp）为 1.134，技术创新分为专利产出和研发投入：专利产出水平（lntil）为 9.727，研发投入水平（lnrdl）为

13.982。相关性检验（见表8-2）可知，出口技术复杂度与知识产权保护、专利产出水平、研发投入水平、外商直接投资水平、贸易开放度等存在显著的相关性。相关性检验后，在具体模型选择变量时经过共线性检验（检验方差膨胀因子），同时计量软件尝试回归模型变量自动检验共线性变量，最后确定的模型已排除了变量共线性问题。

表8-1　　　　　　　　　　　　　　描述统计

变量	均值	标准差	最小值	最大值	样本量（个）
lnets	16.791	2.160	10.147	21.081	420
lnipp	1.134	0.169	0.707	1.579	420
lntil	9.727	1.630	4.820	13.350	420
lnrdl	13.982	1.487	9.677	16.970	420
lnfdi	-1.347	0.865	-3.071	1.712	420
lnito	-1.699	1.503	-4.860	1.586	420
lneco	10.305	0.677	8.370	11.768	420
lnfin	0.972	0.323	0.253	2.096	420
lnhcl	2.156	0.113	1.853	2.526	420
lnipp × lntil	11.230	3.273	4.766	18.430	420
lnipp × lnrdl	-0.135	0.074	-0.423	-0.004	420
lnipp × lnfdi	-1.472	0.943	-3.230	1.693	420
lnipp × lnito	-1.956	1.829	-6.079	2.133	420

表8-2　　　　　　　　　　　　　　相关性检验

变量	lnets	lnipp	lntil	lnrdl	lnfdi	lnito
lnets	1.000	—	—	—	—	—
lnipp	0.681 *** (0.000)	1.000	—	—	—	—
lntil	0.896 *** (0.000)	0.735 *** (0.000)	1.0000	—	—	—

续表

变量	lnets	lnipp	lntil	lnrdl	lnfdi	lnito
lnrdl	0.892 *** （0.000）	0.721 *** （0.000）	0.961 *** （0.000）	1.000	—	—
lnfdi	0.488 *** （0.000）	0.381 *** （0.000）	0.292 *** （0.000）	0.283 *** （0.000）	1.000	—
lnito	0.147 *** （0.003）	-0.119 *** （0.015）	-0.050 （0.310）	-0.016 （0.741）	0.585 *** （0.000）	1.000

一、基准回归

经面板数据平稳性检验后，采用多元回归（OLS）、固定效应模型（FE）、双向固定效应模型（FE）以及面板广义最小二乘估计（GLS）方法进行基准估计（见表8－3）。

表8－3　　　　　　　　　　　基准估计结果

变量	模型（1－1） OLS	模型（1－2） FE	模型（1－3） FE	模型（1－4） GLS
	lnets	lnets	lnets	lnets
lnipp	-0.503 （0.813）	1.758 *** （0.325）	1.291 *** （0.268）	1.224 *** （0.299）
lntil	0.651 *** （0.199）	-0.136 （0.093）	-0.014 （0.080）	0.373 *** （0.095）
lnrdl	0.559 ** （0.221）	0.677 *** （0.111）	0.289 ** （0.127）	0.759 *** （0.102）
lnfdi	0.568 *** （0.137）	-0.147 * （0.081）	0.154 ** （0.077）	0.131 ** （0.066）

续表

变量	模型（1-1）OLS	模型（1-2）FE	模型（1-3）FE	模型（1-4）GLS
	lnets	lnets	lnets	lnets
lnito	0.0567 (0.098)	-0.194 *** (0.075)	-0.656 *** (0.074)	0.203 *** (0.038)
Constant	4.077 ** (1.667)	6.136 *** (1.301)	10.600 ** (2.658)	1.716 ** (0.689)
省份	—	固定	固定	固定
时间	—	—	固定	—
R-squared	0.874	0.767	0.855	—
F/Wald chi^2	185.59 ***	253.19 ***	120.07 ***	1288.00 ***
Observations	420	420	420	420

注：括号内数字是标准误，*** 、** 、* 分别表示在1%、5%、10%上统计显著，下同。

基准估计结果显示，出口技术复杂度与知识产权保护呈显著的正相关，即知识产权保护水平提高1单位，出口技术复杂度提高1.758单位，说明加强知识产权保护对出口技术复杂度的提升具有正的直接影响，而且边际影响系数比较大，也反映出当前我国加强知识产权保护力度对提高出口产品的技术复杂度影响效果比较好。所以，知识产权保护对出口技术复杂度的提升具有正的促进作用，假设1得到证明。

此外，出口技术复杂度与研发投入呈显著的正相关，即研发投入提高1单位，出口技术复杂度提高0.677单位，说明目前提升我国企业的技术研发投入水平有助于提高出口技术复杂度，促进出口产品质量的提升。

二、间接作用的实证分析

本章进一步将知识产权保护与技术创新（包括专利产出和研发投入）、知识产权保护与外商直接投资水平、知识产权保护与贸易开放度的交互项加入模型，以验证知识产权保护通过影响技术创新、外商直接投资、贸易开放度等对出口技术复杂度产生的间接作用（见表8-4）。

表8-4　　　　　　　　　　间接作用的估计结果

变量	模型（2-1）lnets	模型（2-2）lnets	模型（2-3）lnets	模型（2-4）lnets	模型（2-5）lnets	模型（2-6）lnets
lnipp	1.758 *** （0.325）	5.615 *** （1.148）	7.910 *** （1.719）	0.846 （0.524）	3.638 *** （0.456）	6.534 ** （2.685）
lntil	-0.136 （0.093）	0.320 ** （0.160）	-0.122 （0.092）	-0.152 （0.093）	-0.181 ** （0.090）	-0.956 * （0.492）
lnrdl	0.677 *** （0.111）	0.677 *** （0.109）	1.159 *** （0.172）	0.732 *** （0.113）	0.534 *** （0.110）	1.423 *** （0.494）
lnfdi	-0.147 * （0.081）	-0.118 （0.080）	-0.132 * （0.080）	0.521 * （0.313）	0.0183 （0.083）	1.032 *** （0.360）
lnito	-0.194 *** （0.075）	-0.211 *** （0.074）	-0.206 *** （0.074）	-0.179 ** （0.075）	-1.290 *** （0.207）	-1.409 *** （0.224）
lnipp × lntil	—	-0.408 *** （0.117）	—	—	—	0.687 （0.440）
lnipp × lnrdl	—	—	-0.447 *** （0.123）	—	—	-0.765 * （0.449）
lnipp × lnfdi	—	—	—	-0.611 ** （0.276）	—	-0.925 *** （0.314）
lnipp × lnito	—	—	—	—	0.881 *** （0.156）	1.001 *** （0.175）
Constant	6.136 *** （1.301）	1.907 （1.762）	-0.554 （2.239）	6.576 *** （1.310）	6.513 *** （1.253）	2.915 （3.098）
R-squared	0.767	0.774	0.775	0.770	0.785	0.793
F	253.19 ***	219.19 ***	219.92 ***	213.93 ***	233.28 ***	161.95 ***
Observations	420	420	420	420	420	420

间接作用的估计结果（见表 8-4）显示，出口技术复杂度与知识产权保护、研发投入水平呈显著的正相关，与贸易开放度呈显著的负相关。知识产权保护与专利产出水平、研发投入水平、外商直接投资水平交互项系数均为负，而与贸易开放度的交互项系数为正，且大部分具有显著性。由此说明，第一，知识产权保护与专利产出水平、研发投入水平的交互影响阻碍了出口技术复杂度的提升，反映了我国技术专利产出质量不高而且研发投入效率较低，研发投入与专利产出质量未能真正促进出口技术复杂度的提升，在加强知识产权保护时我国低质量的专利产出反而拖累了出口技术复杂度的提升。故而，培育高价值专利，专利创造实现从"数量布局"到"质量提升"的转变，对于知识产权强国建设意义重大，假设 2 得证。第二，外商直接投资对出口技术复杂度具有正向影响［模型（2-4）、模型（2-6）］，但是知识产权保护与外商直接投资的交互影响阻碍了出口技术复杂度的提升，反映了知识产权保护下我国外商直接投资对出口技术复杂度的拉动效应不明显，目前我国加强知识产权保护并没有吸引外商直接投资的高技术项目来推动出口技术复杂度升级，反映了我国吸引高质量的外资较少或者国外高技术的项目对我国封锁比较严。另外一方面，在知识产权强保护下，跨国公司可能会对东道国进行技术垄断，为了获取更大的利润，自发延长技术更新周期，不利于东道国技术创新和出口技术复杂度的提升，假设 3 得证。第三，知识产权保护与贸易开放度的交互影响对出口技术复杂度显著为正（模型 2-5），反映了我国加强知识产权保护与贸易开放有助于促进出口技术复杂度的升级。加强知识产权保护，有利于更好地融入全球价值链，提高贸易开放度，通过进口贸易的"技术溢出效应"和"干中学效应""产业关联效应"，出口贸易的"技术倒逼效应""竞争效应"等提升出口技术复杂度，假设 4 得证。

三、稳健性检验

本章采用了分位数回归和动态面板的 GMM 估计方法进一步检验实证

结果，表 8 - 5 呈现了部分稳健性检验结果。

表 8 - 5　　　　　　　　　稳健性结果

变量	模型 （3 - 1） Qreg（25） lnets	模型 （3 - 2） Qreg（50） lnets	模型 （3 - 3） Qreg（75） lnets	模型 （3 - 4） GMM lnets	模型 （3 - 5） GMM lnets	模型 （3 - 6） GMM lnets	模型 （3 - 7） GMM lnets
L. lnets	—	—	—	0. 0451 （0. 152）	0. 0544 （0. 157）	0. 0659 （0. 153）	- 0. 211 ** （0. 104）
lnipp	6. 661 *** （1. 619）	5. 680 *** （1. 209）	4. 602 *** （1. 649）	7. 226 ** （2. 877）	9. 690 * （4. 956）	1. 968 * （1. 030）	4. 127 *** （0. 915）
lntil	0. 494 ** （0. 228）	0. 331 * （0. 171）	0. 152 （0. 232）	0. 706 ** （0. 355）	- 0. 0418 （0. 275）	- 0. 0658 （0. 260）	0. 0306 （0. 187）
lnrdl	0. 697 *** （0. 167）	0. 678 *** （0. 125）	0. 657 *** （0. 171）	1. 181 ** （0. 466）	1. 892 ** （0. 758）	1. 140 ** （0. 465）	1. 110 *** （0. 391）
lnfdi	- 0. 200 * （0. 116）	- 0. 123 （0. 0865）	- 0. 0389 （0. 118）	- 0. 166 （0. 119）	- 0. 192 （0. 126）	- 1. 042 （0. 750）	0. 0705 （0. 119）
lnito	- 0. 208 * （0. 111）	- 0. 211 ** （0. 0822）	- 0. 214 * （0. 113）	0. 155 （0. 156）	0. 175 （0. 157）	0. 200 （0. 147）	- 1. 781 *** （0. 384）
lnipp × lntil	- 0. 523 *** （0. 157）	- 0. 415 *** （0. 117）	- 0. 295 * （0. 160）	- 0. 667 ** （0. 267）	—	—	—
lnipp × lnrdl	—	—	—	—	- 0. 636 * （0. 342）	—	—
lnipp × lnfdi	—	—	—	—	—	0. 703 （0. 534）	—
lnipp × lnito	—	—	—	—	—	—	1. 604 *** （0. 311）
Constant	—	—	—	- 7. 975 ** （3. 958）	- 10. 88 （6. 763）	- 1. 798 （2. 857）	0. 134 （2. 980）
AR（1）	—	—	—	- 3. 458	- 3. 463	- 3. 176	- 0. 457
AR（2）	—	—	—	- 0. 250	- 0. 161	0. 184	- 1. 059
Sargan Chi2	—	—	—	28. 500	28. 565	28. 479	25. 997
Wald chi2	—	—	—	128. 49 ***	140. 05 ***	123. 72 ***	137. 56 ***
Observations	420	420	420	360	360	360	360

注：***、**、*分别表示在1%、5%和10%水平通过显著性检验。

分位数回归结果显示，出口技术复杂度与知识产权保护呈显著的正相关，在加入技术创新水平（专利产出、研发投入）等交互项时结果交互影响仍为负的。同时表现出知识产权保护越弱，技术创新对出口技术复杂度影响越小，呈现递减趋势。

动态面板 GMM 估计结果显示，出口技术复杂度与知识产权保护呈显著的正相关，知识产权保护对出口技术复杂度提升的直接影响效应明显且稳健。在加入专利产出水平、研发投入水平交互项时方向不变且交互影响一致，加入贸易开放度交互项时影响效果显著且交互影响一致，加入外商直接投资水平交互项时结果不太显著，总体结果表明，知识产权保护对出口技术复杂度提升的间接影响效应结果稳健。

四、进一步拓展分析

我国幅员广阔，区域差异明显，地区之间在经济发展、金融发展以及人力资本等方面存在较大的不平衡性，会对知识产权保护与出口技术复杂度提升具有不同的作用。代中强等（2015）利用全球 66 个国家的跨国面板数据实证结果发现，针对发达国家和发展中国家，知识产权保护对服务贸易出口技术复杂度的影响分别是正的线性关系和"U"型关系，即对经济发展不同水平的国家具有不同的影响作用。赖敏和韩守习（2018）选取 128 个国家 2000～2015 年数据实证结果表明，知识产权保护对技术复杂度整体影响呈"U"型，但在发达国家呈现显著的正向促进作用，即从国际层面来看，知识产权保护对不同国家出口技术复杂度的作用存在差距。我国省份较多，东部、中部、西部地区之间的经济发展水平和执法力度存在较大差异性，区域间实际知识产权保护水平的不同对出口技术复杂度的影响，可能存在差异性。围绕区域异质性，本章采用两种方法进行检验。首先，根据我国省级区域分类（传统的东部、中部、西部）进行回归，检验不同经济地区的影响差异。其次，选择经济发展水平、金融发展水平和人力资本水平等主要变量的分位值设定门槛（有效的均值是 25%、50%、75%

分位值），对具体影响因素进行深入检验。

区域异质性结果（见表 8 - 6）显示，区域直接作用模型显示（模型 4 - 1），知识产权保护对出口技术复杂度的作用呈显著的正相关，加入知识产权保护的区域交互项呈显著的负相关，说明经济越发达地区加强知识产权保护对出口技术复杂度提升越小，而经济越不发达地区加强知识产权保护对出口技术复杂度提升越大，可能的原因是，东部地区外资数量较大，知识产权保护水平的提高使外资企业形成技术垄断，阻碍技术进步，降低出口技术复杂度的提升。而对于中部、西部地区，外资相对较少，技术垄断性小，实际知识产权保护水平的提高有利于出口技术复杂度的提升（代中强，2014），知识产权保护对出口技术复杂度的提升作用具有显著的区域差异。

表 8 - 6　　　　　　　　　　　区域异质性检验

变量	模型 (4 - 1)	模型 (4 - 2)	模型 (4 - 3)	模型 (4 - 4)	模型 (4 - 5)	模型 (4 - 6)	模型 (4 - 7)	模型 (4 - 8)
	直接效应	$I(lx_{it} \geq pro\_25\%)$			$I(lx_{it} \geq pro\_50\%)$			$I(lx_{it} \geq pro\_75\%)$
	lnets	lnets	lnets	lnets	lnets	lnets	lnets	lnets
lnipp	2. 101 *** (0. 588)	1. 203 (0. 745)	2. 100 *** (0. 599)	1. 268 ** (0. 500)	1. 625 *** (0. 577)	1. 708 *** (0. 581)	1. 730 *** (0. 530)	1. 958 *** (0. 529)
lntil	− 0. 116 (0. 149)	− 0. 155 (0. 151)	− 0. 106 (0. 161)	− 0. 218 (0. 151)	− 0. 144 (0. 158)	− 0. 0987 (0. 144)	− 0. 139 (0. 159)	− 0. 173 (0. 152)
lnrdl	0. 780 *** (0. 251)	0. 593 *** (0. 184)	0. 648 *** (0. 212)	0. 729 *** (0. 218)	0. 675 *** (0. 224)	0. 673 *** (0. 224)	0. 666 *** (0. 222)	0. 787 *** (0. 220)
lnfdi	− 0. 157 (0. 151)	− 0. 0620 (0. 137)	− 0. 138 (0. 146)	− 0. 107 (0. 148)	− 0. 128 (0. 148)	− 0. 0910 (0. 144)	− 0. 146 (0. 151)	− 0. 130 (0. 154)
lnito	− 0. 120 (0. 152)	− 0. 150 (0. 142)	− 0. 206 (0. 144)	− 0. 180 (0. 133)	− 0. 163 (0. 147)	− 0. 233 (0. 147)	− 0. 192 (0. 146)	− 0. 192 (0. 151)
lnipp × prd	− 1. 412 ** (0. 620)	—	—	—	—	—	—	—

续表

变量	模型(4-1)	模型(4-2)	模型(4-3)	模型(4-4)	模型(4-5)	模型(4-6)	模型(4-7)	模型(4-8)
	直接效应	$I(lx_{it} \geqslant pro\_25\%)$			$I(lx_{it} \geqslant pro\_50\%)$			$I(lx_{it} \geqslant pro\_75\%)$
	lnets	lnets	lnets	lnets	lnets	lnets	lnets	lnets
lnipp × lneco_d2	—	0.509 *** (0.154)	—	—	—	—	—	—
lnipp × lnfin_d2	—	—	−0.244 ** (0.092)	—	—	—	—	—
lnipp × lnhcl_d2	—	—	—	0.391 *** (0.114)	—	—	—	—
lnipp × lneco_d5	—	—	—	—	0.137 (0.093)	—	—	—
lnipp × lnfin_d5	—	—	—	—	—	−0.278 *** (0.095)	—	—
lnipp × lnhcl_d5	—	—	—	—	—	—	0.0423 (0.117)	—
lnipp × lneco_d7	—	—	—	—	—	—	—	−0.282 *** (0.084)
Constant	4.850 (2.945)	7.842 *** (2.309)	6.063 ** (2.580)	6.477 ** (2.597)	6.364 ** (2.703)	6.037 ** (2.666)	6.322 ** (2.763)	4.847 * (2.659)
R – squared	0.773	0.786	0.772	0.778	0.769	0.777	0.767	0.778
Observations	420	420	420	420	420	420	420	420

　　加入各地区的经济发展、金融发展以及人力资本水平差异的检验结果显示，各地区的经济发展、金融发展以及人力资本水平在知识产权保护的交互中对出口技术复杂度提升存在不同的影响作用。具体而言，第一，在区域异质性中，各地区的经济发展水平不同，知识产权保护对出口技术复杂度的影响也不同，经济发展差异影响着知识产权保护对出口技术复杂度

提升作用的发挥，经济发展的交互影响呈下降趋势并且具有反转效应。第二，金融发展与知识产权保护交互影响对出口技术复杂度具有负向作用，说明目前的金融对实体经济技术创新和出口技术复杂度的提升作用并不理想，金融游离于实体经济以外的现象比较严重。第三，人力资本水平与知识产权保护交互影响对出口技术复杂度具有正向作用，且随着区域人力资本水平的提升交互影响呈下降趋势。

第五节　研究结论及启示

以加强知识产权保护等为主要表现的扩大开放举措，在中国开放发展新阶段，能否成为提升中国出口技术复杂度，进而实现全球价值链分工地位改善的政策举措，是当前中国开放发展所需回答的重要问题。此外，中国不同区域之间的经济发展水平、知识产权执法水平和执法力度等都存在差异，导致实际知识产权保护水平的区域间的异质性，而实际知识产权保护水平的差异性，可能会对出口技术复杂度产生不同影响。鉴于此，本章利用 2004～2017 年中国 30 个省级行政区的面板数据，实证研究了知识产权保护对出口技术复杂度的影响。计量检验结果表明：第一，知识产权保护与出口技术复杂度呈显著的正相关，即提高知识产权保护水平对出口技术复杂度的提升具有正的直接作用。第二，知识产权保护还会通过影响其他因素，对出口技术复杂度的提升产生间接作用。具体而言，知识产权保护通过贸易开放度对出口技术复杂度产生正的间接作用，通过技术创新、外商直接投资对出口技术复杂度产生的间接作用并不理想。第三，知识产权保护与出口技术复杂度的提升具有显著的区域差异，经济越发达地区加强知识产权保护对出口技术复杂度提升作用越小，而经济越不发达地区加强知识产权保护对出口技术复杂度提升作用越大。

加强知识产权保护是我国主动扩大开放、融入全球价值链的重要战略举措之一，尤其是进入数字经济时代，以区块链技术赋能知识产权保护，推动出口技术复杂度的提升，对制造强国、贸易强国目标的实现意义重大。本书结论为加强知识产权保护的扩大开放战略举措提供了有力的证据支撑，为出口贸易高质量发展提供了现实指导。一方面，知识产权保护对出口技术复杂度提升所产生的直接作用，意蕴着加强知识产权保护，增强关键技术的自主可控性，提升产业基础高级化以及产业链现代化水平，是新时代我国出口贸易高质量发展的必然要求，也是抢占全球价值链"智高点"的必然选择；另一方面，从知识产权保护通过贸易开放度对出口技术复杂度产生正的间接作用来分析，意味着加强知识产权保护，更好地融入经济全球化和在更高水平上扩大开放，坚持走高水平对外开放之路对出口技术复杂度的提升非常关键。从知识产权保护通过外商直接投资、技术创新对出口技术复杂度产生的间接作用并不理想来分析，需要提高引进外资的质量，鼓励外资企业将技术含量高的生产环节引入国内，加大高价值专利的培育，加快专利技术产业化—产品化—市场化的进程，才能有效提升出口技术复杂度。从知识产权保护对出口技术复杂度影响的区域差异性来分析，现阶段不同省域层面采取合理的差异性知识产权保护水平，对我国整体出口技术复杂度的提升是必要的。

第九章

空间视角下知识产权保护
与出口技术复杂度

第一节 引 言

党的十九大报告指出，我国经济已由高速增长阶段转向高质量发展阶段。改革开放以来，作为国民经济重要组成部分的出口贸易，在驱动中国经济增长中一直发挥着重要作用。因此，在我国经济已经转向高质量发展的新阶段，如何推动出口贸易高质量发展，使之成为适应乃至引领经济高质量发展的"新马车"，是新时代中国开放发展面临的重大理论命题。一国的出口实力可以从规模和技术含量两个维度来反映，比较而言，技术维度更能体现出口贸易高质量的发展。出口技术复杂度的提升能优化出口产品结构，提高出口产品的核心竞争力，因而是促进出口贸易高质量发展的关键。当前我国出口贸易发展面临复杂多变的内外部环境，呈现出全球价值链重构期、发展动力转换期、外贸政策转向期"三期"叠加的特点。中国要实现从贸易大国到贸易强国的转变，必须依赖技术进步以提升产品技术复杂度，解决中国传统贸易发展模式中出口技术含量低的问题。出口技术复杂度的高低是一国技术创新能力与技术发展水平的重要体现，技术进步能够有效促进出口技术复杂度的提升，技术进步离不开创新，创新需要完善的知识产权保护制度来"保驾护航"，保护知识产权就是保护创新。

虽然已有研究，特别是针对中国知识产权保护对出口技术复杂度影响的研究文献已经取得了丰富成果，但仍然有两个方面的重要问题尚未受到重视：一是知识产权保护的区域差异性；二是影响作用机制的空间外溢性。就前一个方面而言，实际知识产权保护水平不仅取决于知识产权保护立法水平，同时取决于知识产权保护执法水平，执法水平存在较大的地区差异，不同执法水平带来省际层面知识产权保护水平的显著差异性。就后一个方面而言，经济行为和作用通常存在着空间外溢。这就提出了一个很有理论和实践价值的课题：省际层面知识产权保护水平的差异对出口技术复杂度有何影响，以及这种影响是否存在空间外溢？本章拟利用 2004～2017 年中国 30 个省级行政区的面板数据，采用通用嵌套空间模型，分别引入距离关系和相邻关系的空间滞后项，对上述问题作出初步探讨。

第二节　理论机制与研究假设

围绕知识产权保护对出口技术复杂度的影响，学者们从区域层面、制度层面、行业层面、企业层面、产品层面等不同视角进行了深入研究。

区域层面和制度层面的研究表明，实际知识产权保护水平对出口技术复杂度的影响存在较大的地区差异（代中强，2014），毛其淋和方森辉（2018）实证研究表明地区知识产权保护可以强化企业研发对出口技术复杂度的提升作用。知识产权保护对出口技术复杂度的提升作用，现有研究表明在发达国家和发展中国家存在一定差异，陈和普蒂塔农（Chen and Puttitanun，2005）指出知识产权保护有利于发展中国家的技术创新和出口技术复杂度的提升。赖敏和韩守习（2018）基于 128 个国家的数据实证研究表明知识产权保护对出口技术复杂度的影响总体上呈现"U"型，对发达国家的影响显著为正。知识产权制度能有效激励创新，柴江艺和许和连（2012）研究指出知识产权制度的完善能加速出口技术的提升，完善的制度质量对于出口技术复杂度的提升存在着显著的正向作用（戴翔和金碚，

2014）。

知识产权保护对出口技术复杂度的提升，是否存在行业差异，学者们从行业层面开展了深入探讨。杨林燕和王俊（2015）基于 30 个工业制造业的数据，从细分行业、分类型行业和总体行业的不同视角实证分析了知识产权保护对出口技术复杂度的影响，研究发现提升知识产权保护水平对行业的出口技术复杂度有正的显著影响，并且技术密集型行业受到的正影响效应相对于劳动和资本密集型行业而言更加显著。魏婧恬等（2017）提出制度环境的改善可以促进产品复杂度高的行业形成显著的比较优势，进而带动社会整体的出口技术复杂度的提升。

出口技术复杂度的提升，企业层面和产品层面是关键，这方面的研究引起了学者们的高度关注，李俊青和苗二森（2018）研究了不完全契约条件下知识产权保护如何影响企业出口技术复杂度，肯定了知识产权保护的加强能提升企业出口技术复杂度的假设。庄子银和李宏武（2018）实证研究得出结论，美国 337 调查对中国出口企业创新的影响是正向显著的，尤其是对高技术企业的激励效应更加突出。加强知识产权保护有利于出口企业自主创新能力的提高（Hudson and Minea，2013），促使其不断改进产品质量，提升出口技术含量。戴翔和金碚（2014）研究指出，融入产品内国际分工体系中有助于出口技术复杂度的提升。田祖海和杨文俊（2019）基于中部六省高技术产品层面的实证研究表明，知识产权保护水平对出口技术复杂度的影响呈现倒"U"型。

综上可知，尽管已有文献从不同角度研究了知识产权保护对出口技术复杂度的影响，但鲜有研究通过空间计量模型分析和探讨知识产权保护与出口技术复杂度之间的关系，未将空间溢出效应纳入知识产权保护与出口技术复杂度的分析体系，可能会使研究结论出现偏差。鉴于此，本章将从省际数据着手构建空间计量模型，深入研究知识产权保护对出口技术复杂度的影响，以期更加全面地分析知识产权保护对出口技术复杂度的影响，以期对现有文献做出进一步拓展，这也是本章对现有研究的可能边际贡献。

第三节　模型设定与数据说明

一、基准模型设定

在构建空间计量模型前，先构建不考虑空间溢出效应的面板数据模型：

$$\ln ETS_{it} = \alpha + \beta \ln IPP_{it} + \sum_{j=1}^{N} \delta_j x_{it} + \varepsilon_{it} \tag{9.1}$$

公式（9.1）中，ETS_{it} 为被解释变量出口技术复杂度，IPP_{it} 为核心解释变量知识产权保护水平，x_{it} 为控制变量①，具体包括地区生产总值 GDP_{it}，外商直接投资 FDI_{it}，研发资金投入 RD_{it}，人力资源禀赋 HR_{it}，金融发展程度 DL_{it}，交通基础设施 $infras_{it}$。另外，i 为地区，t 为时间，α 为常数项，β 为核心解释变量的系数，δ_j 为控制变量的系数，ε_{it} 为随机扰动项。在基准模型中，假设 $\ln ETS_{it}$ 与 $\ln IPP_{it}$ 呈线性关系，β 是 ETS_{it} 对 IPP_{it} 的弹性。

二、空间计量模型的设定

（一）空间相关性的检验

当经济个体在空间上相邻时，有可能存在空间相关性，使用传统的非空间面板模型进行估计可能会产生偏差。本章在省级面板数据下研究知识产权保护水平对出口技术复杂度的影响，所涉及的相关变量在相邻省份

---

① 所有控制变量取对数后代入模型，其中，由于人力资源禀赋小于1，为保证其取对数后系数符号方向不变，将其数值加1后取对数。

之间可能由于人口流动、技术溢出、产业关联等因素的影响，而存在空间相关性。因此，有必要采用莫兰指数 I（Moran's I）对样本进行空间相关性的检验，以判断是否有必要在基准模型的基础上引入空间滞后项，构建空间计量模型进行进一步的估计。

首先分别通过相邻关系和距离关系定义空间权重矩阵 W。

根据相邻关系定义相邻权重矩阵，该矩阵的（i, j）元素表示地区 i 和地区 j 的相邻关系，相邻取值为 1；反之，取值为 0。

根据距离关系定义距离权重矩阵，当时 $i \neq j$，该矩阵的（i, j）元素取值为地区 i 和地区 j 之间距离的倒数；当 $i = j$ 时，该矩阵的（i, j）元素取值为 0。

从表 9 - 1 可以看出，基于相邻权重矩阵计算的 $lnETS_{it}$ 的莫兰指数 I 在 2004～2017 年全部显著为正，基于距离权重矩阵计算的 $lnETS_{it}$ 的莫兰指数 I 仅在个别年份不显著，在大部分年份显著为正，说明出口技术复杂度在各省之间存在明显的空间自相关性，有必要在实证分析中考虑空间溢出效应，将空间滞后项引入计量模型。

表 9 - 1　　　　　　　　　　$lnETS_{it}$ 的莫兰指数 I

项目	2004 年	2005 年	2006 年	2007 年	2008 年	2009 年	2010 年
距离权重矩阵	2.56	3.19*	3.32*	3.71*	3.74*	3.69*	3.49*
相邻权重矩阵	7.69**	8.57**	9.07***	9.81***	10.22***	11.48***	10.08***
项目	2011 年	2012 年	2013 年	2014 年	2015 年	2016 年	2017 年
距离权重矩阵	3.23*	3.08*	2.69	3.15*	3.21*	2.67	1.93
相邻权重矩阵	10.36***	10.48***	9.41***	12.11***	14.18***	11.29***	7.66***

注：*、**、*** 分别表示在 10%、5%、1% 的水平上显著。限于文章篇幅，本章仅报告了 $lnETS_{it}$ 基于距离权重和相邻权重计算的莫兰指数 I 的值。

（二）通用嵌套空间模型

由于基准模型未考虑被解释变量、解释变量和随机扰动项的空间溢出效应，导致估计结果存在非精准性缺陷。为弥补这一缺陷，本章在基准模型的基础上，引入被解释变量、解释变量和随机扰动项的空间滞后项，充分考虑空间溢出效应的影响，构建了通用嵌套空间模型（General Nesting Spatial Model，GNSM）。

$$\ln ETS_{it} = \alpha + \rho \sum_{j=1}^{N} W_{ij} \ln ETS_{jt} + X_{it}\beta + \theta \sum_{j=1}^{N} W_{ij} X_{jt} + \mu_{it} \qquad (9.2)$$

$$\mu_{it} = \varphi \sum_{j=1}^{N} W_{ij} \mu_{jt} + \varepsilon_{it}, \ \varepsilon \sim N(0, \sigma^2 I_n) \qquad (9.3)$$

其中，ETS_{it} 为 i 省在 t 时期的出口技术复杂度，$\sum_{j=1}^{N} W_{ij} \ln ETS_{jt}$ 为 $\ln ETS_{it}$ 的空间滞后项，ρ 为该空间滞后项的系数；X_{it} 为对数形式的自变量集合，包括核心解释变量和控制变量，β 为 X_{it} 的系数，$\sum_{j=1}^{N} W_{ij} X_{jt}$ 为 X_{it} 的空间滞后项，θ 为该空间滞后项的系数；μ_{it}、ε_{it} 为随机扰动项，$\sum_{j=1}^{N} W_{ij} \mu_{jt}$ 是 μ_{it} 的空间滞后项，φ 是该空间滞后项的系数，ε 服从零均值、同方差的多元正态分布；α 为模型的常数项。

通用嵌套空间模型是空间计量模型的一般式，可以退化得到多种模型。当 $\rho = 0$ 时，即仅考虑解释变量和误差项的空间溢出效应，可以得到空间杜宾误差模型（SDEM）；当 $\theta = 0$ 时，即仅考虑被解释变量和误差项的空间溢出效应，可以得到带空间自回归误差项的空间自回归模型（SARAR）；当 $\varphi = 0$ 时，即仅考虑解释变量和被解释变量的空间溢出效应，可以得到空间杜宾模型（SDM）；当 $\rho = 0$ 且 $\theta = 0$ 时，即仅考虑误差项的空间溢出效应，可以得到空间误差模型（SEM）；当 $\rho = 0$ 且 $\varphi = 0$ 时，即仅考虑解释变量的空间溢出效应，可以得到空间 X 滞后模型（SXL）；当 $\theta = 0$ 且 $\varphi = 0$ 时，即仅考虑被解释变量的空间溢出效应，可以得到空间自回归模型（SAR）。

在非空间面板模型中，解释变量的系数可以直接反映解释变量对被解释变量的影响。但在式（9.2）和式（9.3）所构成的空间面板模型中，由于引入了解释变量和被解释变量的空间滞后项，解释变量 X_{it} 的系数 β 并不能直接反映解释变量对被解释变量的影响。必须利用偏导数将解释变量对被解释变量影响的总效应分解为直接效应和间接效应，具体分解方法如式（9.4）所示：

$$\left\{ \frac{\partial E[\text{lnETS}]}{\partial x_{1k}} \cdots \frac{\partial E[\text{lnETS}]}{\partial x_{Nk}} \right\} = (I - \rho W)^{-1}[I\beta_k + W\theta_k] \qquad (9.4)$$

其中，$(I - \rho W)^{-1}[I\beta_k + W\theta_k]$ 的对角线元素为解释变量对被解释变量的直接效应，非对角线元素为解释变量对被解释变量的间接效应。

三、变量与数据说明

（1）被解释变量。本章的被解释变量为省际出口技术复杂度，参照豪斯曼（Hausmann，2007）、戴翔和金碚（2014）、代中强（2014）的计算方法，分两步测算：第一步测算各产业的出口技术复杂度，具体计算公式如式（9.5）所示；第二步测算每个省的出口技术复杂度，具体计算公式如式（9.6）所示。

$$\text{PETS}_k = \sum_i \frac{(x_{ik}/X_i)}{\sum_i (x_{ik}/X_k)} Y_i \qquad (9.5)$$

$$\text{ETS}_i = \sum_k \left(\frac{x_{ik}}{X_i} \right) \text{PETS}_k \qquad (9.6)$$

其中，ETS_i 为 i 省的出口技术复杂度，PETS_k 为 k 产业出口技术复杂度，Y_i 为 i 省人均生产总值，x_{ik} 为 i 省 k 产业的出口额，X_i 为 i 省的出口总额。根据《中国工业经济统计年鉴》提供的各年度各省市分产业的出口数据加权核算，人均生产总值根据历年《中国统计年鉴》数据整理得出。

（2）核心解释变量。本章的核心解释变量为知识产权保护水平，参照吉纳特和帕克（Ginarte and Park，1997）、韩玉雄和李怀祖（2005），各省市的知识产权保护水平由立法意义上的知识产权保护水平与知识产权保护执法水平相乘而得到。立法意义上的知识产权保护水平的测算考虑了保护的覆盖范围、是否为国际条约的成员、权利丧失的保护、执法机制、保护期限五个指标，执法水平的测算，考虑了执法力度、社会法制化水平、社会知识产权保护意识、经济发展水平、法律体系完备程度、国际监督制衡机制六个指标，具体的度量标准和数据来源参考了关成华等（2018）。

（3）控制变量。参考现有文献的研究成果，为减少模型估计的遗漏偏差，本章选取了地区生产总值、外商直接投资、研发资金投入、人力资源禀赋、金融发展程度、交通基础设施作为控制变量加入计量模型。其中，地区生产总值为各省市的地区生产总值，数据来源于历年《中国统计年鉴》；外商直接投资以各省市外商投资企业年底投资总额衡量，数据来源于历年《中国统计年鉴》；研发资金投入为各省市研究与试验发展经费内部支出，数据来源于历年《中国科技统计年鉴》；人力资源禀赋选择各省市大学生在校生数占当地常住人口的比例来衡量，数据来源于历年《中国统计年鉴》；金融发展程度，以各省市金融机构人民币各项存贷款余额之和来衡量，数据来源于历年《中国金融年鉴》；交通基础设施以标准公路里程数衡量，由于铁路、公路和水路运输能力不同，本章参考姚树洁和韦开蕾（2007）的方法，对铁路、公路和水路分别赋予4.27、1和1.06的权重，加权后得出标准公路里程数，数据来源于历年《中国统计年鉴》。

受数据可获得性的限制，本章采用了中国30个省级行政区2004～2017年的面板数据，未包含西藏自治区、香港地区、澳门地区和台湾地区，个别变量在个别年份的数据缺失采用插值法补齐。

第四节　实证结果与分析

一、基准模型的估计结果

本章首先估计了不考虑空间溢出效应的基准模型，其中固定效应模型的估计结果如表9-2的列（1）所示，随机效应模型的估计结果如表9-2的列（2）所示。不难看出，基准模型的两列估计结果的符号方向是一致的，并且系数大小相差不大，这说明回归结果具有很好的稳健性。核心解释变量知识产权保护水平的回归系数在基准模型下均在5%的水平上显著为正且略大于1，说明在其他变量不变的情况下，当知识产权保护水平提高一定比例时，出口技术复杂度可以获得更高比例的提升，这与预期相符。

表9－2 计量模型的估计结果

变量名称	基准模型		距离权重矩阵		相邻权重矩阵	
	（1）固定效应	（2）随机效应	（3）固定效应	（4）随机效应	（5）固定效应	（6）随机效应
main						
lnIPP	1.228 ** (0.483)	1.107 ** (0.496)	1.132 *** (0.275)	1.345 *** (0.279)	0.659 ** (0.280)	0.788 *** (0.278)
lnGDP	1.441 *** (0.331)	1.755 *** (0.326)	0.227 (0.302)	0.624 ** (0.307)	0.604 * (0.334)	0.712 ** (0.307)
lnFDI	0.131 (0.0985)	0.356 *** (0.118)	0.146 ** (0.0715)	0.217 *** (0.0721)	0.123 * (0.0730)	0.188 ** (0.0732)
lnRD	0.563 ** (0.234)	0.591 *** (0.161)	0.269 ** (0.126)	0.324 ** (0.126)	0.216 (0.145)	0.345 ** (0.135)
lnHR	101.9 *** (25.44)	65.04 *** (16.83)	116.1 *** (14.32)	85.41 *** (15.67)	94.50 *** (13.93)	74.67 *** (13.26)
lnDL	− 1.293 *** (0.251)	− 1.503 *** (0.313)	− 0.522 ** (0.233)	− 0.627 *** (0.230)	− 0.240 (0.283)	− 0.434 (0.266)
lninfras	− 0.0232 (0.212)	− 0.191 (0.170)	− 0.327 * (0.190)	− 0.149 (0.161)	− 0.325 (0.243)	0.0983 (0.144)
W	—	—	—	—	—	—
lnIPP	—	—	12.09 *** (2.580)	13.19 *** (2.586)	1.464 *** (0.564)	1.470 ** (0.572)
lnGDP	—	—	7.742 *** (1.736)	6.434 *** (1.795)	0.100 (0.506)	0.0898 (0.497)

变量名称	基准模型		距离权重矩阵		相邻权重矩阵	
	（1）固定效应	（2）随机效应	（3）固定效应	（4）随机效应	（5）固定效应	（6）随机效应
lnFDI	—	—	1.181 * (0.673)	1.157 * (0.665)	0.0211 (0.141)	0.0111 (0.142)
lnRD	—	—	1.425 (1.239)	1.940 * (1.010)	0.344 (0.247)	0.224 (0.245)
lnHR	—	—	177.3 ** (73.75)	− 14.67 (65.04)	− 70.48 ** (31.85)	− 9.004 (25.74)
lnDL	—	—	− 9.371 *** (1.761)	− 9.266 *** (1.867)	− 1.132 ** (0.451)	− 1.163 ** (0.452)
lninfras	—	—	− 1.598 ** (0.795)	− 0.304 (0.398)	0.185 (0.267)	− 0.410 *** (0.128)
lnETS	—	—	− 0.734 *** (0.239)	− 0.561 ** (0.233)	0.715 *** (0.0589)	0.675 *** (0.0656)
e. lnETS	—	—	0.783 *** (0.0610)	0.758 *** (0.0883)	− 0.969 *** (0.132)	− 0.886 *** (0.144)
N	420	420	420	420	420	420
pseudo R^2	—	—	0.521	0.732	0.551	0.790
AIC	431.6	—	322.5	511.0	368.5	537.9
BIC	459.9	—	391.1	587.7	437.2	614.6
Hausman	58.53 ***		− 65.75		− 29.65	

注：括号内为标准误差，＊、＊＊、＊＊＊分别表示在10%、5%、1%的水平上显著。

至于其他解释变量和控制变量。在固定效应模型中，地区生产总值和人力资源禀赋在1%的水平上显著为正，研发资金投入在5%的水平上显著为正，这与预期相符，经济产出增加、劳动力素质提升和研发投入增长有利于资本积累、创新成果转化和技术进步，进而提高出口技术复杂度；金融发展程度在1%的水平上显著为负，与预期有所出入，这可能是由于国内的金融市场尚不健全，还不能够将资金有效地配置到创新能力更强的产业部门；交通基础设施的系数不显著，这与代中强（2014）的研究结论是一致的，一种可能的解释是出口产品的物流运输要穿越多个省市，一省交通基础设施的改善对该省出口产品完整的运输流程的影响会被稀释掉，导致对出口技术复杂度的影响不显著；外商直接投资的系数不显著，但是比较空间计量模型的结论就会发现，导致该系数不显著的原因可能是没有考虑空间溢出效应导致估计出现偏差。

在随机效应模型中，控制变量的系数与固定效应模型下的系数相差不大，地区生产总值、人力资源禀赋、金融发展程度也均在1%的水平上高度显著，研发资金投入的显著性水平略有提升，交通基础设施依然不显著。变化较大的是外商直接投资显著为正，这与预期是一致的。

为了考察固定效应模型和随机效应模型哪一个更适用于本章面板数据的基准模型分析，我们进一步进行了豪斯曼检验，检验结果显示，采用固定效应模型更合适。基于以上分析，本章最终选择固定效应模型作为基准模型的估计方法，用于比较空间计量模型的估计结果。

二、空间计量模型的估计结果

从空间计量模型的估计结果来看，考虑了空间溢出效应之后，核心解释变量知识产权保护水平系数的显著性水平得到了明显的改善。其中，以距离关系构建空间权重矩阵时，如表9－2的列（3）、列（4）所示，知识产权保护水平的系数在固定效应模型和随机效应模型中均在1%的水平上显著为正；以相邻关系构建空间权重矩阵时，如表9－2的列（5）、列（6）所示，知识产权保护水平的系数在固定效应模型中在5%的水平上显著为正，在随机效应模型中则是在1%的水平上显著为正。另外，被解释变量出口技术复杂度、核心解释变量知识产权保护水平和误差项的空间滞后项均显著，说明这些变量确实存在空间自相关性，空间计量模型比非空间计量模型更适合用于分析本章的面板数据样本，这与前文的莫兰指数 I

的检验结果是一致的。

进一步分析以距离关系构建空间权重矩阵时控制变量系数的估计。在固定效应模型下，外商直接投资、研发资金投入、人力资源禀赋和金融发展程度的系数均显著且方向与基准模型一致；交通基础设施的系数虽然显著为负，但是仅在10%的水平上显著；地区生产总值的系数为正但并不显著。在随机效应模型下，所有控制变量估计系数的显著性水平和符号方向均与基准模型一致。当以相邻关系构建空间权重矩阵时，部分变量系数的显著性水平出现下降。

为检验固定效应模型和随机效应模型哪一个更适合用来估计本章的空间面板数据，本章对两种不同空间权重矩阵的空间计量模型进行了豪斯曼检验，检验结果显示，豪斯曼统计量均为负数，故可以接受随机效应的原假设。此外，从 AIC 和 BIC 的汇报结果来看，均显示以距离关系构建空间权重矩阵的固定效应模型能够更好地拟合本章的空间面板数据。因此，在下文直接效应和间接效应的分析中，本章将汇报固定效应模型和随机效应模型的全部结论，并进行全面的分析和比较。

三、空间计量模型的直接效应和间接效应

在空间计量模型中所估计的变量系数并不能够直接解释变量对被解释变量的影响，需要通过将总效应分解为直接效应和间接效应来进一步分析。直接效应即指本地区某影响因素的变动对本地区出口技术复杂度的总体影响，其中涉及空间反馈效应，即本地区该因素对相邻地区的出口技术复杂度有影响，而相邻地区的出口技术复杂度的变动又对本地区的出口技术复杂度产生影响的循环作用过程。间接效应即空间溢出效应，本地区的某因素变动对相邻地区的出口技术复杂度所产生的影响。

基于空间计量模型的估计结果，表9-3给出了解释变量分别以距离关系和相邻关系构建空间矩阵的固定效应模型和随机效应模型的直接效应和间接效应。从核心解释变量知识产权保护水平的估计结果来看，在四种估

计中，知识产权保护水平对出口技术复杂度的直接效应和间接效应均在1%的水平上显著为正，并且估计结果在不同的模型中相差不大，较为稳健。以距离权重矩阵的固定效应模型为例，知识产权保护水平对出口技术复杂度的直接效应显著为正，说明一省知识产权保护水平的提高有利于提升该省的出口技术复杂度。同时，知识产权保护水平对出口技术复杂度的间接效应显著为正，说明一省知识产权保护水平的提高能够有效提升地理邻近省份的出口技术复杂度，有明显的空间溢出效应。这说明，知识产权保护水平具有正的外部性，不但能够提升本省出口产品的技术复杂度，而且能够间接提升邻近省份出口产品的技术复杂度。这背后可能的原因是，邻近省份之间更容易形成产业链上下游的关系，一省知识产权保护水平提高所带来的创新能力提升，能够通过产业链上的原材料、半成品供应关系向邻近省份传导，进而在更大范围实现产成品技术的提升。此外，邻近省份人力资源的流动能够强化知识、技能在各省之间传递，知识产权保护体系下的创新型技术和产品可以更快地被学习模仿，在比较大的空间范围产生知识溢出效应，并且最终在出口产品部门实现技术提升。当空间计量模型采用相邻关系构建空间权重矩阵时，上述基本结论依然成立，即知识产权保护水平不但能够提升本省出口产品的技术附加值，而且能够间接提升相邻省份出口产品的技术附加值。

表 9 – 3　　　　　　　　　　　直接效应和间接效应估计

变量名	距离权重矩阵				相邻权重矩阵			
	固定效应模型		随机效应模型		固定效应模型		随机效应模型	
	直接效应	间接效应	直接效应	间接效应	直接效应	间接效应	直接效应	间接效应
lnIPP	0.801 *** (0.264)	6.259 *** (1.470)	1.054 *** (0.273)	7.545 *** (1.637)	1.048 *** (0.279)	4.950 *** (1.327)	1.141 *** (0.276)	4.503 *** (1.231)
lnGDP	0.004 (0.296)	4.211 *** (0.908)	0.481 (0.302)	3.691 *** (0.953)	0.711 ** (0.312)	1.36 * (0.758)	0.813 *** (0.288)	1.285 * (0.696)
lnFDI	0.114 (0.071)	0.597 * (0.363)	0.193 *** (0.073)	0.628 (0.386)	0.145 ** (0.070)	0.279 (0.299)	0.213 *** (0.070)	0.311 (0.259)

续表

变量名	距离权重矩阵				相邻权重矩阵			
	固定效应模型		随机效应模型		固定效应模型		随机效应模型	
	直接效应	间接效应	直接效应	间接效应	直接效应	间接效应	直接效应	间接效应
lnRD	0.232 *	0.683	0.283 **	1.067 *	0.316 **	1.276 **	0.426 ***	1.028 **
	(0.131)	(0.679)	(0.129)	(0.613)	(0.136)	(0.509)	(0.130)	(0.445)
lnHR	113.422 ***	51.153	86.878 ***	−37.958	93.923 ***	−7.369	81.991 ***	93.203 *
	(14.327)	(36.552)	(15.429)	(36.042)	(12.659)	(66.724)	(12.483)	(54.804)
lnDL	−0.258	−5.000 ***	−0.418 *	−5.409 ***	−0.503 *	−3.335 ***	−0.692 ***	−3.277 ***
	(0.243)	(0.950)	(−0.238)	(1.032)	(0.264)	(0.659)	(0.250)	(0.591)
lninfras	−0.288	−0.755 *	−0.144	−0.133	−0.334	−0.121	0.038	−0.773 ***
	(0.194)	(0.452)	(0.163)	(0.260)	(0.230)	(0.333)	(0.143)	(0.226)

注：括号内为标准误差，*、**、*** 分别表示在10%、5%、1%的水平上显著。

各控制变量在不同模型下的直接效应和间接效应也表现出了较好的稳健性。地区生产总值对出口技术复杂度的间接影响在不同模型下均显著为正，但是直接效应在距离权重矩阵的模型下并不显著，说明一省出口技术复杂度受到邻近省份经济规模的影响甚至要比本省经济规模的影响更大，可能的原因是地区与地区之间所形成的价值链将邻近省份的出口贸易紧密联系在一起，省际经济关系不是割裂、封闭的，而是开放、广泛联系的。外商直接投资和人力资源禀赋在大部分模型中主要表现为对出口技术复杂度正的直接效应；研发资金投入在大部分模型中直接效应和间接效应都显著为正；交通基础设施在大多数的模型下影响效应不显著，这与基准模型的模拟结果基本相符。值得注意的是，金融发展程度对出口技术复杂度的直接效应和间接效应基本上都显著为负，这与基准模型的研究结论是一致的，说明即使考虑了空间溢出效应，现阶段一省金融发展程度的提高并不能够有效提升当地和邻近省份的出口技术复杂度，甚至会不利于出口产品的技术附加值提升。这与当前中国金融体系尚不健全，不能够有效地将资金分配到创新能力更强的生产部门有直接关系，例如，对出口贡献不大的房地产市场吸纳了中国大量的金融资源，而具有创新活力、对出口具有重要贡献的实体经济部门，尤其是中小制造企业往往很难获得技术研发所需的金融资源。

四、分样本空间计量模型的估计结果

中国不同区域间的经济发展水平差异较大，进而在知识产权保护程度、出口技术复杂度等方面也存在不同。本部分进一步将全样本划分为东、中、西部三个区域，分别检验知识产权保护对出口技术复杂度的区域异质性影响。根据豪斯曼检验的结果，在两种空间权重矩阵下，各区域的检验结果均显示应使用随机效应。下文分别汇报在两种空间权重矩阵下三个区域的各变量直接效应和间接效应的随机效应模型估计结果。

就知识产权保护的影响而言，直接效应方面，两种空间权重矩阵下，知识产权保护对出口技术复杂度的正向影响在东部和西部地区显著，在中部地区则不显著；间接效应方面，东部和中部地区的知识产权保护对相邻地区有正向的空间溢出效应，西部地区的空间溢出效应则不显著。由于东部地区的出口技术复杂度和知识产权保护程度都远高于中、西部地区，异质性检验中的知识产权保护的直接和间接效应都很显著。西部地区的知识产权保护水平在样本期内与中部地区差异较小，在相应指标均值非常接近的情况下，西部地区的知识产权保护发展速度很快，这可能是西部地区知识产权保护对出口技术复杂度的提升作用较中部地区更为显著的原因。样本期内西部地区的出口技术复杂度在三个区域内最低，该地区的知识产权保护未能显著影响邻近地区出口技术复杂度的提升。

控制变量的直接效应和间接效应在两种空间矩阵下表现出显著性差异。根据 R^2 和 Log – likelihood 的值判断东部和西部地区在空间距离矩阵下的回归结果更为合理，中部地区估计结果在两个矩阵下差异很小，但空间相邻矩阵下模型的 R^2 显著高于空间距离矩阵，因此中部地区的估计结果依据空间相邻矩阵进行分析。据此，直接效应方面，东、西部地区的研发资金投入，东、中部地区的人力资源禀赋，东部地区的交通基础设施，西部地区的国内生产总值和外商直接投资都对本地区的出口技术复杂度产生了正向的推动作用，各区域内的金融发展的影响都不显著。由于东部地区的交通基础设施建设较中西部地区更为发达与完善，因而在分样本检验中表现为对本地出口技术复杂度的正向影响。间接效应方面，各区域的国内生产总值、西部地区的外商直接投资、中部地区的研发资金投入对相邻地区的出口技术复杂度有正向的空间溢出效应；各区域的金融发展，东部地区的外商直接投资和西部地区的人力资源禀赋对邻近区域的出口技术复杂度产生了负向的空间溢出效应。东部地区吸引外商直接投资的总量仍在全国领先，对相邻中部地区的外资引入存在一定的挤占作用，而西部地区吸收的外资规模逐年壮大，外资的技术溢出效应能辐射至邻近地区，因此东西部地区外商直接投资表现出了相反的空间溢出效应。西部地区人力资源禀赋的负向空间溢出效应则可能缘于"西部大开发"战略下的人才引进对相邻中部地区的人才流入有一定的反向影响（见表 9-4）。

表 9-4　　　　　　　　　分样本直接效应和间接效应估计

效应分解	变量名	距离权重矩阵			相邻权重矩阵		
		东部	中部	西部	东部	中部	西部
直接效应	lnIPP	0.533 ** (2.052)	0.575 (0.910)	2.011 *** (3.833)	0.879 *** (2.860)	0.210 (0.337)	1.803 *** (3.796)
	lnGDP	0.162 (0.700)	−0.226 (−0.405)	1.605 *** (3.498)	0.452 * (1.818)	0.428 (0.831)	1.930 *** (3.565)
	lnFDI	0.007 (0.123)	0.028 (0.163)	0.307 ** (2.400)	−0.116 * (−1.792)	−0.136 (−0.759)	0.229 (1.577)
	lnRD	0.445 *** (2.805)	0.498 * (1.809)	0.410 * (1.839)	0.237 (1.246)	0.323 (1.234)	0.220 (0.967)
	lnHR	62.480 *** (7.252)	71.388 ** (2.222)	47.440 (1.531)	59.261 *** (5.764)	70.624 ** (2.273)	113.674 ** (2.499)
	lnDL	0.371 (1.400)	0.402 (0.704)	−0.914 (−1.588)	0.712 *** (2.798)	0.398 (0.697)	−1.133 * (−1.843)
	lninfras	0.292 ** (2.190)	−0.317 (−0.704)	−0.422 (−1.350)	0.074 (0.501)	−0.202 (−0.543)	−0.462 (−1.328)

续表

效应分解	变量名	距离权重矩阵			相邻权重矩阵		
		东部	中部	西部	东部	中部	西部
间接效应	lnIPP	7.944 *** (7.673)	4.834 ** (2.551)	2.698 (1.400)	3.935 *** (5.560)	1.447 * (1.652)	−0.099 (−0.112)
	lnGDP	1.888 * (1.764)	1.795 * (1.755)	3.259 *** (2.895)	3.262 *** (5.480)	1.642 ** (2.429)	2.012 *** (2.641)
	lnFDI	−0.768 *** (−3.532)	0.205 (0.427)	0.781 * (1.958)	−0.411 *** (−2.942)	−0.119 (−0.437)	0.419 * (1.870)
	lnRD	−0.500 (−0.557)	2.239 *** (3.246)	1.039 (1.061)	−0.861 * (−1.742)	1.103 *** (2.882)	−1.004 * (−1.958)
	lnHR	19.259 (0.500)	−96.622 (−1.069)	−388.640 *** (−3.038)	60.825 ** (2.398)	−13.565 (−0.308)	−106.549 (−1.515)
	lnDL	−2.006 *** (−3.305)	−4.310 *** (−3.998)	−3.253 *** (−2.700)	−2.606 *** (−5.729)	−2.457 *** (−3.285)	−0.855 (−1.128)
	lninfras	0.263 (0.729)	0.235 (0.386)	−0.117 (−0.234)	−0.119 (−0.434)	−0.027 (−0.070)	0.076 (0.184)
Hausman		1.90	−0.98	−3.50	−0.36	−1.88	−5.40
R^2		0.704	0.6849	0.8797	0.5695	0.7517	0.8026
Log – likelihood		23.7207	−33.5252	−112.7495	17.0994	−34.2061	−113.0211

第五节　研究结论及启示

中国不同区域经济发展存在较大差距，进而在知识产权的执法水平和执法力度等方面同样会存在显著差异，这是一个不争的事实特征。此外，由于省域之间经济关联性等作用机制的存在，从而知识产权保护所产生的经济效应，可能不仅限于一省省域内部，还可能对其他邻近省域产生影响，发挥显著的空间溢出效应。从上述事实特征和基本判断出发，本章通过构建空间计量模型的一般式，将被解释变量、解释变量和误差项的空间滞后项引入通用嵌套空间模型，充分考虑空间溢出效应的影响，利用 2004 ~ 2017 年中国 30 个省级行政区的面板数据，实证研究了知识产权保护对出口技术复杂度的影响效应。计量检验结果表明：第一，出口技术复杂度对知识产权保护的弹性显著为正，即知识产权保护水平的提高有助于该地区出口技术复杂度的提升；第二，知识产权保护对出口技术复杂度的提升作用，不仅限于实施知识产权保护的特定省域，与此同时还会产生显著的空间溢出效应，即某一省域的知识产权保护还会对其他邻近省域的出口技术复杂度产生显著影响；第三，东部和西部地区的知识产权保护显著推动了本地区出口技术复杂度的提升，并且东部和中部的知识产权保护对相邻地区的出口技术复杂度存在显著的正向空间溢出效应。

在经济全球化新形势下和中国开放型经济发展进入新阶段后，加强知识产权保护成为中国主动扩大开放的重要战略举措之一。本章上述研究发现，不仅能够为中国加强知识产权保护的扩大开放战略举措提供科学依据和经验证据支撑，而且对于探寻提升出口技术复杂度的有效途径，推动出口贸易高质量发展，进而实现从贸易大国迈向贸易强国的目标，也有重要的政策意义。强化知识产权保护，自主开发产业链中高端的核心技术和关键技术，推进创新链与产业链融合发展，是新时代我国出口贸易高质量发展的必然要求，也是占据全球价值链中高端的必然选择。更为重要的是，由于中国各省的经济是广泛联系的，经济变量普遍存在跨越省际的空间溢出效应，因此，一省出口技术复杂度的提升不但受到本省各类经济变量的影响，而且还受到其他省份的影响，价值链发展和产业链供需关系将各省出口贸易紧密串联在一起，这正是知识产权保护提升出口技术复杂度产生空间外溢效应的根本作用机制所在。因此，伴随未来城市群的一体化发展，尤其是伴随国家区域协调发展战略的实施，必将推进区域协同创新能力的提升，城市群产业的融合发展将成为出口技术复杂度提升和出口贸易高质量发展的重要推动力，在此过程中，发挥知识产权保护对出口技术复杂度的提升作用，将会有更大的作用空间。当然，从不同省域层面看，实施怎样的知识产权战略和采取何种程度的知识产权保护水平，才能更好的促进自身出口技术复杂度提升的同时，又能在有效的空间外溢和互动中实现共赢，已经超出了本章探讨范围，是一个有待深入研究的大课题，也是我们后续研究和努力的重要方向。

第十章

知识产权保护与消费结构升级

第一节 引 言

　　构建双循环新发展格局是党中央基于国内外发展形势提出的重大战略。为加快构建新发展格局，不仅要坚持深化供给侧结构性改革，也要注重需求侧管理，从供给端和需求端同时发力，实现供给和需求的高水平动态均衡。扩大内需对畅通国内大循环有关键意义，消费结构升级是扩大内需的主要途径，也是满足人民日益增长的美好生活需要的重要举措。加强知识产权保护能有效推动国内消费结构升级，研究新发展格局下知识产权保护促进消费结构升级的作用机制及对策具有重要的现实意义。

　　消费结构升级受到了学者们的广泛关注。消费结构升级一般表现为两种形式：一种是消费类型的结构升级，即温饱型消费向享受型消费变迁以及享受型消费向发展型消费变迁（李方正，2015）；另一种是消费品质的结构升级，即消费者倾向于消费更高品质的商品和服务，品牌消费扩大（陈冲和吴炜聪，2019）。当前我国消费形态正由物质型向服务型转变，发展型和享受型消费快速增加，消费品质由中低端向中高端转变，消费方式由线下向线上线下融合转变，消费新业态新模式不断涌现（陈新年，2021）。现有对消费结构升级影响因素的研究，主要从技术进步（金晓彤和黄蕊，2017）、产业智能化（周善将和周天松，2021）、互联网（曾洁华和钟若愚，2021）等方面展开，知识产权保护与消费结构升级的研究较为缺乏。有鉴于此，本章对新发展格局下知识产权保护如何影响消费结构升级展开理论机制分析和实证检验，力图为更好通过知识产权保护提升消费结构，完善高效内需体系，构建双循环新发展格局提供有益参考。

第二节　理论机制与研究假设

随着经济发展水平和居民收入水平的提高，国内消费结构升级态势明显，新产业新业态新商业模式的不断兴起进一步推进了消费提质和消费创新，居民对品牌、优质、绿色、智能商品的需求大幅增长，文化、信息等服务类消费的比重上升明显。知识产权保护有助于扩大信息消费、文化消费、绿色消费和品质消费，能有效促进消费结构升级。

知识产权保护有助于扩大信息消费。信息消费指直接或间接地对信息产品和服务的消费行为，涵盖生产、生活、管理消费等领域，覆盖互联网数据及接入服务、信息内容和应用服务等信息服务，智能电视、手机、平板电脑等信息产品，以及基于信息平台的电子商务、云服务等新型信息消费模式（邹蕴涵，2017）。信息消费依靠信息技术，依托信息基础设施，创新消费业态，激发消费需求，加速消费升级，信息技术的发展和信息基础设施建设，信息消费领域侵权违法行为的遏制，都依赖知识产权保护。第一，从信息技术来看，大数据和人工智能是信息消费重要的技术支撑，知识产权保护能解决数据的确权与有效流动问题，构建数据规则体系，推动大数据技术研发，促进知识信息传播，丰富人工智能创作物。第二，从基础设施来看，信息基础设施主要指"新基建"，相关的行业多为知识产业密集型行业，建设主体以高新技术企业居多，加强知识产权保护，可以保障技术创新者的合法权益，发挥专利信息、专利导航等的知识产权指引作用，推进"新基建"建设，扩大信息消费。第三，从打击侵权行为看，新技术为消费升级带来了新动能，但数字经济时代以数字文本、音频、视频等为主要形式的知识产权的确权、授权和侵权救济难度加大，知识产权专有性受到挑战，创新成果迭代周期缩短（王伟和任豪，2021），侵权行为频发。完善知识产权保护体系能有力遏制网络侵权行为，为消费结构升级营造良好环境。

知识产权保护有助于扩大文化消费。文化消费指为满足精神文化生活需要消费精神文化用品和服务的行为，是满足人们对美好生活向往、加深旅游体验的重要途径，是消费升级的显著标志（戴俊骋等，2021）。加快文化产业发展，加深文化产业与其他产业的融合，是繁荣文化消费市场，激发文化消费潜力的重要途径。文化产业及其相关产业的发展都离不开知识产权的保驾护航。首先，从文化产业看，一方面，创新创意是文化产业发展的核心，文创产品极易被复制，如果大多数消费者选择廉价的复制品，市场上将充斥大量低价劣质的侵权盗版产品，会影响消费者的消费体验，降低消费欲望，抑制文化消费的增长。加强知识产权保护宣传，加大知识产权保护力度，维护消费者合法权益，净化文化消费环境，能推动文化产业发展，促进文化消费。另一方面，"互联网＋"背景下，文化产业新业态新模式层出不穷，网络教育、网络视频、数字音乐、有声读物、网络游戏等成为消费新热点，通过采集和分析大数据可以研判消费者偏好，挖掘新消费需求，提高消费预测精准度，更好实现文化消费供需之间的连接，提高消费者满意度。健全的知识产权保护对大数据等信息技术发展的积极作用有助于刺激文化消费，提升消费结构。其次，从文化产业与旅游产业的融合来看，文化旅游已成为重要的消费增长点，保护旅游商标、地方特产品牌、非物质文化遗产，强化与文旅产业相关的知识产权立法和执法，有助于挖掘文化知识产权价值，创新新型文旅消费模式，实现非物质文化遗产的可持续创新性发展，促进消费结构升级。

知识产权保护有助于扩大绿色消费。在资源环境和"双碳"目标约束下，提高绿色消费，推动节能减排，是实现绿色低碳发展，提升居民消费结构的重要途径。近年来，随着居民环保意识和绿色消费偏好的逐渐增强，对绿色食品、新能源汽车、环保家电等绿色产品和服务的需求增长迅速，但由于清洁能源的成本高于传统能源，存在"绿色溢价"，且我国目前绿色产品生产技术尚不成熟，绿色产品的价格相较传统商品更贵，消费成本较高。有效的知识产权保护能激励企业在新技术、新工艺、新材料方面加大研发投入，加快技术进步，通过技术创新降低企业生产成本，减小消费者购买压力，增强绿色消费意愿。绿色产品和节能降耗关键技术的开发、新能源新材料的研发都离不开知识产权保护。传统消费主要集中于消费环节，绿色消费则覆盖从生产销售到回收处理的全过程，力求实现全链条的绿色环保（石若文，2020）。绿色消费不仅包括对绿色产品的消费，还包括物资回收利用，能源有效使用，保护生态环境和物种环境等。再生资源回收利用技术、垃圾分类收集关键技术等技术的开发应用对促进绿色消费有关键意义，这些领域的技术进步需要知识产权保护作为制度支撑。此外，绿色物流是联系绿色生产和绿色消费的纽带，扩大绿色消费也亟待发展绿色物流业，绿色物流依赖物联网、人工智能技术，同样离不开知识产权保护。

　　知识产权保护有助于扩大品质消费。从消费层次看，消费结构升级表现为对中高端产品和服务的消费增加。随着生活水平的提高，我国居民消费品质不断提升，对高质量产品和服务的需求上升显著，但由于供给端的产业创新不足造成的高技术、高品质产品缺乏，选择购买高端海外产品的消费群体扩大，消费需求外溢明显（孙早和许薛璐，2018）。减少消费外溢，促进消费结构升级，需要加大创新步伐，加快自主品牌开发，这些都与知识产权保护密切相关。不仅要加强对专利权等创新成果类知识产权的保护，也要重视对商标权、商号权、地理标志权等经营标识类知识产权的保护（詹映，2020）。知识产权是创新的制度保障，通过加强对专利等科技创新的知识产权保护，激励企业加大研发投入与力度，加快技术创新和产品创新。通过加强对商标等知识产权的司法和执法保护力度，推动创新成果转化为商品走向市场，打造优质品牌，营造良好的品牌发展环境和营商环境，引导企业围绕消费升级的市场需求，建设新品牌，传承老品牌，从低价竞争转向品牌竞争，吸引海外消费回流，提升居民消费品质和消费档次，促进消费结构升级。

　　基于以上分析，提出研究假设1：

　　假设1：知识产权保护对消费结构升级具有正向促进作用。

　　我国城乡经济发展不平衡，城镇和农村的消费结构也存在显著差异。长期以来，农村居民食品烟酒消费支出占比高于城镇居民，在生存型消费方面的支出比重较大，城镇居民在发展和享受型消费方面的支出占比一般高于农村居民。随着城乡一体化的推进，城乡消费市场差距不断缩小，农村消费潜力得到极大激发，农村居民的消费结构明显改善。但当前城乡消费的不平衡依然存在，农村消费升级仍面临现实困难。与城镇相比，农村地区消费者满意度总体不高，监管机制的不健全使得农村消费市场中的造假成本较低，侵犯消费者权益的行为较难被查处，农村市场的假冒伪劣产品层出不穷，农村居民的消费权益保护意识也更为薄弱，较高的维权成本也常使农村居民选择放弃维权。此外，当前农村信息化水平较城镇相比相对滞后，数字基础设施建设不足，牵制了农村新消费的发展，制约了农村居民的消费升级。加强知识产权保护的制度建设和执法强度，对改善消费环境、提高消费满意度、增强消费维权意识、完善信息基础设施的促进作用在农村地区更强，对农村消费结构升级的推动力也更大。

　　收入是决定消费的关键因素，对消费结构升级有重要影响。收入水平的提高能提升居民消费层次，促进消费升级。当前国内经济发展仍存在不平衡问题，不同地区居民的收入水平差距较大，消费能力、消费供给、消费环境的差异使得知识产权保护对消费结构升级的影响可能存在收入异质性。从消费能力看，较高收入水平意味着消费能力较强，高收入居民通过储蓄或投资能增加财富积累，为消费升级提供收入支撑。从消费供给看，由于高收入居民对高质量和高层次产品和服务的需求更大，在绿色消费、文化消费等方面的需求增长迅速，收入较高地区的新产品和高端产品与服务供给更丰富，有利于实现消费升级。从消费环境看，收入较高地区的消费环境建设相对更完善，居民的消费维权意识也更强，消费者满意度更高，消费升级具有良好的环境基础。因此，在收入较高地区，加强知识产权保护能有效促进消费结构升级。在收入水平较低的地区，居民消费能力不够，高技术、高品质、高层次的消费品和服务供给不足，消费维权意识不强，维权机制不健全，消费环境总体不佳，因此知识产权保护对消费结构升级的正向促进效应并不显著。

知识产权保护对消费结构升级的作用还因地区知识产权发展情况不同而产生差异。知识产权的综合发展不仅包括地区的知识产权保护，同时也包括专利、商标等知识产权创造，知识产权转化运用，知识产权信息、代理等服务和知识产权管理体系建设。在知识产权综合发展水平良好的地区，高新技术企业通常较多，信息技术和信息基础设施发展较好，文化创意产业、绿色低碳产业发展势头更强，品质消费和品牌消费发展快速，消费环境更为安全便利，加强知识产权保护对消费结构升级具有显著的促进作用。在知识产权综合发展较薄弱的地区，专利等创新成果相对有限，技术交易市场发展不充分，科技成果转化不足，侵权盗版行为频发，制假售假难以根治，加强知识产权保护难以有效促进消费结构升级。

由此，提出研究假设2：

假设2：知识产权保护对消费结构升级的促进作用具有城乡异质性、收入异质性、知识产权发展异质性。

第三节　模型设定与数据说明

一、计量模型的设定

为考查知识产权保护对消费结构升级的影响，基本模型设定如下：

$$cs_{it} = \alpha_0 + \alpha_1 ipp_{it} + \alpha_2 C_{it} + \varphi_i + \mu_t + \varepsilon_{it} \qquad (10.1)$$

模型（10.1）中的 i、t 分别表示地区、年份，cs 表示消费结构升级，ipp 表示知识产权保护水平，C 表示控制变量，α_0 代表常数项，α_1、α_2 为各变量的待估系数，φ_i、μ_t 分别表示地区效应和时间效应，ε 为随机扰动项。

二、变量与数据说明

（1）被解释变量：消费结构升级（cs）。消费结构升级通常可用发展和享乐型消费占比衡量。国家统计局分类标准中，消费支出包括食品烟酒、衣着、居住、生活用品及服务、交通通信、教育文化娱乐、医疗保健、其他用品及服务。刘斌等（2022）将除了食品、衣着、居住外的五项定义为发展与享乐型消费支出。孙豪等（2022）将交通通信、文教娱乐、医疗保健划分为发展和享受型消费。此外，中国经济增长前沿课题组（2015）认为有利于广义人力资本积累的消费可体现一国消费结构升级状况，具体消费项目包括健康、文化娱乐、教育以及杂项。结合消费数据的可得性，文教娱乐、医疗保健、其他用品及服务消费也可作为消费结构升级度量指标（楠玉，2022）。为保证回归结果的稳健性，本章同时以除衣食住外的消费占比（csa）、交通通信、文教娱乐、医疗保健消费占比（csb）、文教娱乐、医疗保健、其他用品及服务消费占比（csc）作为消费结构升级的度量指标进行实证检验。

（2）解释变量：知识产权保护（ipp），以知识产权保护立法水平和知识产权保护执法水平的乘积表示各地区的实际知识产权保护强度。知识产权保护立法水平的测度参考韩玉雄和李怀祖（2005），知识产权保护执法水平的测算借鉴关成华等（2018），从执法力度、社会法制化水平、社会知识产权保护意识、经济发展水平、法律体系完备程度和国际监督制衡机制综合衡量。

（3）控制变量：参考已有研究，本章选取了如下控制变量：经济发展水平（pgdp），以实际人均 GDP 衡量；政府参与度（gov），采用一般公共预算支出占地区 GDP 的比重表示；人力资本（hc），以各地区 6 岁及以上人口的平均受教育年限度量，具体计算方法参考詹新宇（2012）；产业结构升级（ind），以第三产业增加值占 GDP 的比重衡量；总抚养比（tdr），以 0～14 岁与 65 岁及以上人口占劳动人口的比重表示；外商直接投资（fdi），以外商直接投资占 GDP 的比重度量。

　　受数据可获得性限制，本章采用中国 30 个省级行政区 2004～2019 年的面板数据，未包含西藏自治区、香港地区、澳门地区和台湾地区。数据来源于《中国统计年鉴》、EPS 数据库，以及各省市统计年鉴，少量缺失数据采用插值法或均值法补齐。所有数据均以 2004 年为基期，并进行对数处理。变量说明、描述性统计如表 10－1、表 10－2 所示。

表 10－1　　　　　　　　　　　　**变量说明**

变量符号	变量名称	变量定义	单位
被解释变量			
csa		除衣食住外的消费占比，取对数	%
csb	消费结构升级	交通通信、文教娱乐、医疗保健消费占比，取对数	%
csc		文教娱乐、医疗保健、其他用品及服务消费占比，取对数	%
解释变量			
ipp	知识产权保护	知识产权保护立法水平乘以知识产权保护执法水平，取对数	
控制变量			
pgdp	经济发展水平	实际人均 GDP，取对数	元
gov	政府参与度	一般公共预算支出占地区 GDP 的比重，取对数	%
hc	人力资本	平均受教育年限，取对数	年
ind	产业结构升级	第三产业增加值占 GDP 的比重，取对数	%
tdr	总抚养比	0～14 岁与 65 岁及以上人口占劳动人口的比重，取对数	%
fdi	外商直接投资	外商直接投资占 GDP 的比重，取对数	%

表 10 - 2 变量的描述性统计

变量	均值	中位数	最大值	最小值	标准差	样本量（个）
csa	3.6988	3.6943	3.929	3.4101	0.0903	480
csb	3.45	3.4482	3.704	3.1559	0.1066	480
csc	3.0873	3.0864	3.4223	2.7163	0.1216	480
ipp	1.1118	1.1141	1.5087	0.7121	0.1577	480
pgdp	10.1644	10.1951	11.6668	8.3464	0.6439	480
gov	2.9979	3.0102	4.1405	2.0691	0.4083	480
hc	2.1661	2.1671	2.5401	1.8528	0.114	480
ind	3.7403	3.7019	4.4251	3.311	0.1995	480
tdr	3.5859	3.6125	4.0532	2.9585	0.1915	480
fdi	0.4151	0.599	2.1031	-4.5756	1.0627	480

第四节 实证结果与分析

一、基准检验

本章实证分析采用控制了时间固定因素和地区固定因素的双固定效应模型。表 10 - 3 的第（1）列、第（2）列、第（3）列和第（4）列、第（5）列和第（6）列分别是以 csa、csb、csc 为被解释变量的回归结果，其中第（1）、（3）、（5）列未添加控制变量，第（2）、（4）、（6）列引入了所有控制变量。从全样本的估计结果看，无论是否加入控制变量，知识产权保护的系数均显著为正，说明加强知识产权保护对消费结构升级有显著的促进作用，验证了假说 1。控制变量中，实际人均 GDP 的系数显著为正，表明经济发展水平提高通过提高居民收入水平，提高了消费能力。人力资本的系数都为负，在列（4）和列（5）中通过了显著性检验，表明受教育年限的增加并未有效促进消费结构升级，其原因可能是人力资本的质量并未显著上升，因而其对收入上升的贡献并不明显，难以带动消费升级。产业结构的系数都为正，在列（2）和列（4）中通过了显著性检验，表明产业结构的优化有助于促进消费升级。产业结构升级通过扩大高质量产品和服务供给、提高产业生产效率、促进经济增长等渠道能实现消费的升级（肖必燕，2020）。总抚养比的系数都为负，在列（6）中通过了显著性检验，这与黄赜琳和秦淑悦（2021）的分析结果一致。总抚养比的提高意味着家庭养老和抚养子女的压力上升，家庭的生存型消费比重增加，抑制了消费结构升级。外商直接投资的系数都为负，在列（4）中通过了显著性检验，表明在消费升级领域，如医疗、健康、文化、教育等，利用外资的规模和质量不够高，一定程度抑制了消费结构升级。

表 10 - 3 全样本检验

变量	（1）	（2）	（3）	（4）	（5）	（6）
ipp	0. 305 *** (6. 258)	0. 195 *** (4. 968)	0. 333 *** (6. 086)	0. 210 *** (4. 801)	0. 250 *** (4. 747)	0. 158 *** (3. 133)
pgdp	—	0. 265 *** (5. 424)	—	0. 314 *** (5. 782)	—	0. 215 *** (4. 122)
gov	—	0. 015 (0. 403)	—	0. 014 (0. 339)	—	0. 019 (0. 464)
hc	—	− 0. 256 (− 1. 639)	—	− 0. 310 * (− 1. 803)	—	− 0. 294 * (− 1. 712)
ind	—	0. 082 ** (1. 973)	—	0. 104 ** (2. 196)	—	0. 051 (1. 045)
tdr	—	− 0. 081 (− 1. 567)	—	− 0. 072 (− 1. 278)	—	− 0. 163 *** (− 3. 007)
fdi	—	− 0. 006 (− 1. 024)	—	− 0. 013 ** (− 1. 972)	—	− 0. 004 (− 0. 690)
_cons	3. 360 *** (61. 511)	1. 285 * (1. 829)	3. 080 *** (50. 279)	0. 525 (0. 683)	2. 810 *** (47. 758)	1. 701 ** (2. 342)
adj R^2	0. 569	0. 614	0. 595	0. 642	0. 682	0. 702
N	480	480	480	480	480	480

注：*** 、** 、* 分别表示在1%、5%和10%水平通过显著性检验；括号中的数值为 t 值。

二、内生性检验

由于知识产权保护和消费结构升级之间可能存在双向因果关系，这会导致模型的内生性问题。为一定程度上克服内生性问题，进行如下内生性检验：第一，采用知识产权保护的滞后一期值作为解释变量进行回归分析，结果如表 10 – 4 所示。表 10 – 4 中列（1）、（2）、（3）分别为使用消费结构升级不同代理变量的回归结果，知识产权保护滞后项的系数均在 1% 的水平上显著为正，说明知识产权保护对消费结构升级的促进作用存在一定的滞后性。第二，面板工具变量法，以知识产权保护的滞后一期和滞后二期作为知识产权保护的工具变量进行再次检验。表 10 – 4 中列（4）、列（5）、列（6）仍为使用消费结构升级不同代理变量的回归结果，知识产权保护滞后项的系数依然都在 1% 的水平上显著为正，Anderson – canon LM 检验在 1% 水平上显著拒绝工具变量识别不足的原假设，Cragg – Donald Wald 的 F 统计量大于 Stock – Yogo 检验在 10% 水平上的临界值，拒绝弱工具变量的原假设，Hansen 检验表明模型不存在过度识别问题。上述实证结果表明考虑内生性问题后，知识产权保护对消费结构升级有积极影响的结论仍然成立。

表 10 – 4 内生性检验

变量	（1）	（2）	（3）	（4）	（5）	（6）
ipp	—	—	—	0. 194 *** (2. 989)	0. 213 *** (2. 942)	0. 198 *** (2. 632)
l. ipp	0. 113 *** (2. 776)	0. 123 *** (2. 750)	0. 106 ** (2. 211)	—	—	—
pgdp	0. 348 *** (7. 096)	0. 406 *** (7. 142)	0. 270 *** (5. 082)	0. 343 *** (6. 555)	0. 411 *** (6. 760)	0. 255 *** (4. 358)
gov	0. 004 (0. 119)	0. 000 (0. 001)	0. 009 (0. 206)	– 0. 015 (– 0. 390)	– 0. 019 (– 0. 419)	– 0. 008 (– 0. 187)

变量	（1）	（2）	（3）	（4）	（5）	（6）
hc	−0.139 （−0.845）	−0.196 （−1.081）	−0.183 （−1.015）	−0.161 （−0.897）	−0.227 （−1.163）	−0.137 （−0.706）
ind	0.148*** （3.275）	0.171*** （3.285）	0.107* （1.947）	0.191*** （4.056）	0.219*** （4.075）	0.151*** （2.655）
tdr	−0.109** （−2.136）	−0.097* （−1.743）	−0.188*** （−3.519）	−0.094* （−1.785）	−0.076 （−1.328）	−0.176*** （−3.145）
fdi	−0.005 （−0.846）	−0.010 （−1.481）	−0.005 （−0.745）	−0.009 （−1.305）	−0.013* （−1.807）	−0.008 （−1.108）
_cons	0.153 （0.218）	−0.694 （−0.869）	0.855 （1.183）	—	—	—
adj R^2	0.608	0.644	0.706	0.367	0.456	0.279
N	450	450	450	420	420	420

注：***、**、*分别表示在1%、5%和10%水平通过显著性检验；括号中的数值为 t 值或 z 值。

三、异质性检验

为考查加强知识产权保护对城镇和农村消费结构升级的影响是否存在差异，进行城乡消费结构升级效应的异质性检验，结果如表 10−5 所示。表 10−5 中列（1）~列（3）为城镇消费的回归结果，列（4）~列（6）为农村消费的回归结果，其中列（1）和列（4）以 csa 为被解释变量，列（2）和列（5）以 csb 为被解释变量，列（3）和列（6）以 csc 为被解释变量。检验结果表明，除列（3）外，城镇和农村的知识产权保护系数均在1%水平上显著为正，比较城镇和农村在使用相同消费结构升级代理变量时的知识产权保护回归系数发现，强化知识产权保护对农村消费结构升级的促进效应大于对城镇消费的作用。

表 10 – 5　　　　　　　　　　　　城乡异质性检验

变量	城镇			农村		
	（1）	（2）	（3）	（4）	（5）	（6）
ipp	0. 141 *** （3. 953）	0. 147 *** （3. 562）	0. 071 （1. 540）	0. 148 *** （3. 084）	0. 196 *** （3. 339）	0. 276 *** （3. 777）
pgdp	0. 224 *** （5. 706）	0. 281 *** （6. 182）	0. 143 *** （3. 433）	0. 326 *** （6. 627）	0. 346 *** （5. 896）	0. 463 *** （6. 507）
gov	− 0. 004 （ − 0. 104）	0. 003 （0. 079）	0. 001 （0. 025）	0. 084 ** （2. 147）	0. 051 （1. 111）	0. 121 ** （2. 336）
hc	− 0. 286 ** （ − 1. 998）	− 0. 347 ** （ − 2. 182）	− 0. 160 （ − 0. 960）	− 0. 221 （ − 1. 216）	− 0. 305 （ − 1. 419）	− 0. 802 *** （ − 3. 364）
ind	0. 096 ** （2. 447）	0. 123 *** （2. 663）	0. 080 * （1. 660）	0. 012 （0. 229）	0. 009 （0. 146）	− 0. 018 （ − 0. 273）
tdr	− 0. 099 ** （ − 2. 151）	− 0. 092 * （ − 1. 763）	− 0. 183 *** （ − 3. 665）	− 0. 038 （ − 0. 714）	− 0. 060 （ − 0. 950）	− 0. 162 ** （ − 2. 324）
fdi	− 0. 001 （ − 0. 245）	− 0. 009 （ − 1. 443）	0. 004 （0. 688）	− 0. 018 *** （ − 2. 709）	− 0. 022 *** （ − 2. 764）	− 0. 032 *** （ − 3. 553）
_cons	1. 922 *** （3. 227）	1. 072 （1. 579）	2. 286 *** （3. 784）	0. 444 （0. 685）	0. 335 （0. 420）	0. 012 （0. 012）
adj R^2	0. 511	0. 530	0. 691	0. 830	0. 833	0. 770
N	480	480	480	480	480	480

注：***、**、*分别表示在1%、5%和10%水平通过显著性检验；括号中的数值为 t 值。

为检验在不同收入水平地区，知识产权保护对消费结构升级是否有差异化的影响，按 2019 年实际人均可支配收入的中位数将全样本划分为中高收入地区和中低收入地区，进行收入异质性检验，结果如表 10 – 6 所示。表 10 – 6 中列（1）~列（3）为中高收入地区的回归结果，列（4）~列（6）为中低收入地区的回归结果，其中各模型的被解释变量同表 10 – 5。检验结果表明，中高收入地区的知识产权保护系数均在 1% 水平上显著为正，中低收入地区的知识产权保护系数均不显著，表明知识产权保护水平的增强仅在中高收入地区推进了消费结构升级，中低收入地区的居民因消费能力受限，加强知识产权保护难以提升消费结构。

表 10－6　　　　　　　　　　收入异质性检验

变量	中高收入地区			中低收入地区		
	（1）	（2）	（3）	（4）	（5）	（6）
ipp	0. 264 *** (4. 130)	0. 295 *** (3. 988)	0. 243 *** (3. 727)	0. 014 (0. 315)	0. 007 (0. 148)	－ 0. 034 (－ 0. 686)
pgdp	0. 263 *** (4. 323)	0. 298 *** (4. 304)	0. 191 *** (3. 107)	0. 016 (0. 280)	0. 054 (0. 771)	－ 0. 046 (－ 0. 801)
gov	0. 017 (0. 255)	－ 0. 042 (－ 0. 558)	－ 0. 037 (－ 0. 528)	－ 0. 085 ** (－ 2. 092)	－ 0. 058 (－ 1. 195)	－ 0. 052 (－ 1. 086)
hc	－ 0. 767 *** (－ 3. 058)	－ 0. 825 *** (－ 2. 936)	－ 0. 868 *** (－ 3. 170)	0. 070 (0. 445)	－ 0. 001 (－ 0. 003)	0. 025 (0. 131)
ind	0. 226 *** (2. 898)	0. 280 *** (3. 164)	0. 165 * 1. 955)	－ 0. 049 (－ 1. 405)	－ 0. 045 (－ 1. 111)	－ 0. 050 (－ 1. 118)
tdr	0. 062 (0. 942)	0. 120 * (1. 697)	0. 026 (0. 406)	－ 0. 011 (－ 0. 203)	－ 0. 030 (－ 0. 498)	－ 0. 169 ** (－ 2. 428)
fdi	－ 0. 005 (－ 0. 302)	－ 0. 004 (－ 0. 211)	0. 012 (0. 657)	－ 0. 007 (－ 1. 548)	－ 0. 014 *** (－ 2. 927)	－ 0. 008 (－ 1. 400)
_cons	1. 244 (1. 405)	0. 475 (0. 500)	2. 120 ** (2. 520)	3. 836 *** (6. 154)	3. 342 *** (4. 297)	4. 470 *** (5. 860)
adj R²	0. 510	0. 527	0. 692	0. 789	0. 825	0. 826
N	240	240	240	240	240	240

注：*** 、** 、* 分别表示在 1%、5% 和 10% 水平通过显著性检验；括号中的数值为 t 值。

中国各省市知识产权的发展状况各具特征，根据《2019 年中国知识产权发展状况评价报告》中地区知识产权综合发展指数的中位数对全样本进行划分，比较在知识产权发展处于中高水平、中低水平的不同区域，知识产权保护对消费结构升级的影响是否有不同表现，回归结果见表 10 – 7。表 10 – 7 中列（1）~ 列（3）为指数中高地区的回归结果，列（4）~ 列（6）为指数中低地区的回归结果，各模型中的被解释变量同表 10 – 5。检验结果表明，知识产权综合指数中高地区的知识产权保护系数均在 1% 水平上显著为正，中低收入地区的知识产权保护系数均不显著，表明强化知识产权保护对消费结构升级的促进效应仅在知识产权发展状况良好的地区，在知识产权发展水平较薄弱的地区，由于知识产权创造、运用、服务，以及知识产权制度建设的总体水平不高，制约了知识产权保护促进消费结构升级效应的充分发挥。以上城乡异质性检验、收入异质性检验和知识产权发展异质性检验的结果使假说 2 得到了验证。

表 10 – 7　　　　　　　　知识产权发展异质性检验

变量	知识产权综合指数中高地区			知识产权综合指数中低地区		
	（1）	（2）	（3）	（4）	（5）	（6）
ipp	0.350 *** (3.591)	0.389 *** (3.799)	0.349 *** (3.118)	0.026 (0.720)	0.024 (0.596)	– 0.008 (– 0.155)
pgdp	0.288 *** (3.747)	0.323 *** (4.071)	0.201 ** (2.206)	– 0.069 (– 1.413)	– 0.064 (– 1.036)	– 0.163 *** (– 3.143)
gov	– 0.071 (– 1.265)	– 0.121 ** (– 2.094)	– 0.029 (– 0.463)	– 0.150 *** (– 3.761)	– 0.154 *** (– 3.257)	– 0.188 *** (– 3.883)
hc	– 0.312 (– 1.345)	– 0.228 (– 0.924)	– 0.399 (– 1.508)	– 0.078 (– 0.520)	– 0.245 (– 1.435)	– 0.162 (– 0.959)
ind	0.207 *** (3.043)	0.244 *** (3.272)	0.154 ** (1.992)	– 0.069 * (– 1.771)	– 0.071 (– 1.571)	– 0.071 * (– 1.683)
tdr	0.062 (1.014)	0.135 ** (2.145)	0.038 (0.606)	– 0.063 (– 1.357)	– 0.119 ** (– 2.234)	– 0.244 *** (– 4.269)
fdi	0.009 (0.675)	0.006 (0.450)	0.022 (1.416)	– 0.002 (– 0.487)	– 0.009 (– 1.630)	– 0.006 (– 1.160)

变量	知识产权综合指数中高地区			知识产权综合指数中低地区		
	（1）	（2）	（3）	（4）	（5）	（6）
_cons	0.164 (0.156)	−0.943 (−0.878)	0.814 (0.721)	5.479*** (8.616)	5.764*** (7.207)	6.803*** (9.334)
adj R^2	0.672	0.691	0.712	0.803	0.837	0.856
N	240	240	240	240	240	240

注：***、**、* 分别表示在1%、5%和10%水平通过显著性检验；括号中的数值为 t 值。

第五节　研究结论及启示

本章结合 2004～2019 年中国 30 个省级行政区的面板数据，实证检验了知识产权保护对消费结构升级的影响及其异质性。研究结果表明：第一，知识产权保护对消费结构升级有显著正向促进作用，加强知识产权保护力度，有助于提升消费结构。第二，知识产权保护对消费结构升级的积极影响存在城乡异质性，对农村消费结构的促进效应强于城镇消费。知识产权保护对消费结构升级的促进作用存在收入异质性，仅在中高收入地区显著，中低收入地区受消费能力约束，促进效应不明显。在知识产权发展处于中高水平的地区，知识产权保护对消费结构升级的促进效应显著存在；在知识产权发展处于中低水平的地区，影响则不显著。

本章的研究结论对基于知识产权保护角度制定提升国内消费结构的政策提供了有益参考。首先，研究发现增强知识产权保护能促进消费结构升级，因此需通过加强知识产权保护执法力度，激励技术创新和产品创新，优化营销环境，扩大信息消费、文化消费、绿色消费和品质消费，推动消费结构升级。其次，本章研究发现知识产权保护的消费结构升级效应存在城乡异质性、收入异质性和知识产权发展异质性，因此应在健全知识产权保护制度的同时，不断完善收入分配机制，提高农村居民和城镇中低收入者的消费能力，激发农村地区消费潜力和较低收入地区的消费活力，培育消费新增长点。重视知识产权发展存在的地区差异，在知识产权综合发展较薄弱地区，应着力加强知识产权建设，从知识产权创造、运用、保护与服务等方面发力，提升知识产权综合发展水平，使知识产权保护对当地消费结构升级的促进效应能充分发挥。

第十一章

知识产权保护、消费升级
与出口商品结构优化

第一节 引 言

自改革开放以来，中国积极融入全球化浪潮，曾经长期保持了经济高速增长。2008 年全球金融危机爆发，世界经济因此产生剧烈动荡，2020 年后新冠肺炎疫情的全球蔓延更是加剧了世界经济的低迷，全球化遭遇强势逆流，贸易保护主义抬头，全球产业链重构，中国出口贸易面临外需严重萎缩、国际局势复杂多变的局面。同时，国内的核心技术缺失、制度红利释放趋缓、人口红利消退、资源和环境约束加剧、金融风险增加等因素（杨耀武和张平，2021），严重影响着中国的出口贸易。在此背景下，党的十九届五中全会明确提出要加快构建"双循环"新发展格局，以国内大循环为主体，释放内需潜力，同时，不否定开放及全球化，实行高水平对外开放（黄群慧，2021），实现国内国际双循环有效联动。中国外贸发展实践表明，"低端嵌入"全球价值链分工体系并未带动"筋骨之强"（金碚，2016），技术密集型行业仍缺乏核心竞争优势，依然面临着在全球价值链中被"低端锁定"的发展困境（葛海燕等，2021）。由劳动密集型、资源密集型、资本技术密集型向知识产权密集型产业发展是要素驱动、投资驱动向创新驱动发展的必然，是制造业高质量发展的重要体现。提升技术密集型及知识产权密集型产业对出口贸易的贡献率、优化出口商品结构是高水平对外开放的应有之义，也是贸易大国转向贸易强国的重要标志。

消费引领供给创新，伴随着人民群众对更加美好生活的向往，消费加速升级，消费潜力得以充分释放，依托大国市场优势，消费升级能促进本土新兴产业培育和国内供给升级（谢小平和傅元海，2018），刺激企业技术创新（Acemoglu and Linn，2004），推动技术进步（金晓彤和莫蕊，2017），形成规模经济与品牌效应（邢孝兵等，2021），影响生产要素流向，引致产业结构调整，推动出口商品结构优化（徐朝阳和张斌，2020），实现国内国际双循环有效联动。消费升级离不开良好的营商环境，知识产权保护制度能确保公平、高效、有序的营商环境，能为消费升级"保驾护航"，提供制度保障。保护知识产权就是保护创新，加大知识产权保护能为优化出口商品结构提供技术支撑，为消费升级提供技术供给。加大知识产权保护有利于专利技术的产业化、产品化，为消费升级提供产品供给。加大知识产权保护保障了创新者的合法权益，使创新者通过高附加值产品取得高额回报，利于生产规模扩大和规模效应产生，为消费升级提供规模保障。加大商标品牌保护，有助于塑造中国品牌，在国内国际市场产生品牌效应，为消费升级提供品牌供给。

目前，知识产权保护与出口商品结构优化、消费升级与出口商品结构优化的相关研究已经取得了一些成果。朱树林（2013）研究指出，知识产权保护对出口商品结构优化具有促进作用，但存在区域差异性，李娜等（2018）基于中、西部的区域比较分析了知识产权保护对出口商品结构的影响。谢小平和傅元海（2018）实证研究得出结论，本地市场的规模越大，消费结构升级越能够促进出口商品结构的升级。已有文献为本章的研究提供了有益参考，但将知识产权保护、消费升级与出口商品结构优化置于同一研究框架的研究比较缺乏。双循环新发展格局下，一方面，消费升级和出口商品结构优化分属"内循环"和"外循环"，是"双循环"的关键内容；另一方面，知识产权保护对畅通国内国际循环至关重要，《"十四五"国家知识产权保护和运用规划》中明确提出要充分发挥知识产权制度在推动构建新发展格局中的重要作用。如此，就出现一个很有理论价值和实践意义的课题：知识产权保护与消费升级、出口商品结构优化三者间存在怎样的关联？鉴于此，本章尝试提出相关理论假说，基于 2004～2019 年中国 30 个省级行政区的面板数据，对理论假说进行实证检验。本章的研究不仅有助于深化认识出口商品结构优化的影响因素，而且对于双循环新发展格局下，从加强知识产权保护角度，强化消费升级，探寻新时期外贸竞争新优势的培育路径具有一定的启发意义，同时为巩固中国全球价值链中心节点位置提供决策依据和有益参考。

第二节　理论机制与研究假设

知识产权保护具有产权安排机制、创新激励机制、有效的市场机制三个方面的重要属性，对出口商品结构优化有深刻影响。首先，知识产权保护具有的产权安排机制属性，能给予创新成果财产权，合法保护创新者的创新成果，确保创新者的产权收益。加强知识产权保护，一方面能激励本国创新者将创新成果转化运用于新产品，产生产品升级效应，从而促进出口商品结构的优化；另一方面能激励跨国投资者在东道国研发生产，产生技术溢出效应，带动产品技术含量的提升，优化出口商品结构。同时，知识产权保护有利于一国嵌入全球价值链，带动和倒逼出口商品结构的优化。其次，知识产权保护具有的创新激励机制属性，被认为给"天才之火"浇上"利益之油"，能有效激发创新者的创新热情，推动创新成果产业化和新产品开发，优化出口商品结构，高附加值产品取得的丰厚收益会进一步反哺再创新。同时，创新成果在知识产权保护制度下的公开性，有效避免了重复创新，减少了创新资源的浪费，提升了创新资源的配置效率。创新驱动"旧"贸易转型升级、催生"新"贸易，驱动出口贸易的质量变革、效率变革，优化出口商品结构。最后，知识产权保护具有的有效市场机制属性，能营造良好的营商环境，确保创新成果在公平有序的市场竞争下进行交易与转化，推动出口结构升级。改善营商环境能够获取新技术外溢和延伸（裴长洪和刘洪愧，2020），出口省份营商环境越好，疫情对出口负向冲击越弱（黄静等，2021）。同时，有效的市场机制有利于创新要素的合理流动，促进区域间的协同研发以及知识产权转移转化，提高全要素生产率和产品附加值，优化出口商品结构。

知识产权保护是知识产权强国建设的重要内容，一般而言，知识产权工作还包括知识产权创造、运用、管理、服务、国际合作等。在《知识产权强国建设纲要（2021－2035年）》中明确指出，要全面提升知识产权创造、运用、保护、管理和服务水平。中国不同省市的经济发展、制度环境均存在较大差异，知识产权创造、运用、管理与服务的水平也不尽相同，知识产权保护对出口商品结构优化的影响可能因此存在异质性。在知识产权创造发展良好的地区，严格的知识产权保护能够激励创新，促进出口结构升级；在知识产权创造数量有限、质量不高的地区，较强的知识产权保护可能会提高企业技术模仿的成本、妨碍技术传播与扩散，其对出口结构升级的促进效应难以充分发挥。在知识产权运用状况较好的地区，由于科技创新成果可以有效转化为现实生产力，加强知识产权保护能有效推动出口商品结构优化；在技术交易市场发展滞后、知识产权成果转化率较低的地区，知识产权保护对出口结构升级的作用渠道会受阻。在知识产权管理和服务发展较好的地区，一般有较为完善的知识产权信息服务、代理服务、咨询服务、商用化服务，逐步健全的知识产权管理体系，良好的知识产权人文社会环境，有利于通过知识产权保护优化出口商品结构；反之，在知识产权管理和服务发展较弱的地区，知识产权保护缺乏必要的监督管理制度的支持，知识产权服务水平滞后于经济和技术的发展，知识产权保护对出口结构优化的有利影响无法有效实现。上述分析表明，知识产权保护对出口商品结构优化的影响会因各地区的知识产权创造、运用、管理和服务水平存在区域异质性。由此提出理论假说1和理论假说2：

理论假说1：知识产权保护对出口商品结构优化具有正向促进作用。

理论假说2：知识产权保护对出口商品结构优化的促进作用具有区域

异质性。

　　消费升级是优化出口商品结构的重要驱动力，消费数量升级和消费质量升级对出口结构都有着复杂的影响。从"量"的角度看，消费数量升级为国内市场规模扩张提供了有力支撑，本土市场持续扩大带来的规模效应和竞争效应驱动企业实现创新（陈丰龙和徐康宁，2012）。规模经济效应能显著提升企业生产效率，增强产业竞争力，激烈的市场竞争激励着企业不断进行技术创新，消费规模的扩大为企业提供了利润预期，激励新产品的研发生产与传统产品的升级改造，促进创新活动，这些都有利于出口竞争优势的提升，促进出口商品结构优化。同时，消费"量"的升级释放消费潜力，壮大消费规模，国内巨大的市场需求带动产业大量集聚，知识和技术的溢出也有助于创新，增强出口竞争力。从"质"的角度看，消费从数量导向型向质量导向型转变，即消费结构高级化，是消费质量升级的重要表现，其对出口商品结构优化的影响可以从"内循环"和"外循环"两个方面理解。一方面，从内循环来看，消费结构升级意味着消费者越来越青睐高附加值的技术密集型、知识产权密集型产品，需求引领供给创新，需求端倒逼供给端发力。为满足市场需求，国内生产企业加大技术创新，以技术创新驱动产品升级换代，消费结构升级产生的技术创新效应、产品升级效应、经济增长效应，支持"内循环"促进"外循环"，带动出口商品结构优化。消费是拉动经济增长的重要引擎，消费结构升级拉动经济增长，带来规模效应，反哺技术创新与产品升级，提高供给质量，优化出口商品结构。此外，消费结构升级还将促进高端品牌产品的消费，有利于培育国内国际知名品牌，提高出口商品的品牌效应。另一方面，从外循环来看，超大规模市场的需求结构升级吸引全球生产要素向中国汇聚，外循环促进内循环，创新资源禀赋优势的提升推动本国技术创新及产品升级，优化出口商品结构。同时，超大规模市场的国内消费结构升级吸引高质量外商投资，产生人力资本配置效应、国际技术溢出效应，推动国内技术创新与产品升级。不仅如此，超大规模市场的国内消费结构升级还能促进高端产品的进口，进口产生的技术溢出效应，推动国内技术创新，倒逼国内产品的升级。

知识产权保护通过促进技术创新、打造优质品牌、优化营商环境等渠道，从技术端、市场端，有效扩大居民消费水平，提升消费结构，推动消费升级，因此，知识产权保护可以通过消费升级实现对出口商品结构优化的促进效应。知识产权保护产生的技术创新效应，从技术端满足消费升级的基础设施需求、产品需求、服务需求，消费升级又能促进出口商品结构优化。知识产权保护有力打击了"山寨产品"和"假冒产品"，帮助企业塑造优质品牌，维护消费者合法权益，营造良好营商环境，从市场端促进消费升级，在本地市场效应作用下推动出口商品结构优化。基于前文的理论分析，消费数量升级和消费质量升级对出口商品结构优化均有积极影响，但消费"质"的升级在消费层次直观表现为对中高端产品需求的增加，对出口商品结构优化的影响也更为直接与重要。由此提出理论假说3：

理论假说3：消费升级是知识产权保护促进出口商品结构优化的重要作用路径，加强知识产权保护能有效提升消费的"量"与"质"，且消费"质"的升级所发挥的中介作用大于消费"量"的升级。

第三节　模型设定与数据说明

一、计量模型的设定

为考察知识产权保护对出口商品结构优化的影响，基本模型设定如下：

$$hte_{it} = \alpha_0 + \alpha_1 ipp_{it} + \alpha_2 C_{it} + \varphi_i + \mu_t + \varepsilon_{it} \tag{11.1}$$

模型（11.1）中的 i、t 分别表示地区、年份，hte 表示出口商品结构，ipp 表示知识产权保护水平，C 表示控制变量，α_0 代表常数项，α_1、α_2 为各变量的待估系数，φ_t、μ_t 分别表示地区效应和时间效应，ε 为随机扰动项。

为考察知识产权保护通过消费升级促进出口商品结构优化的中介渠道是否存在，借鉴温忠麟和叶宝娟（2014），采用逐步法检验中介效应，引入消费"量"和"质"的升级作为中介变量，设定如下中介效应模型：

$$hte_{it} = \beta_0 + \beta_1 ipp_{it} + \beta_2 csqt_{it} + \beta_3 C_{it} + \varphi_i + \mu_t + \varepsilon_{it} \quad (11.2)$$

$$csqt_{it} = \gamma_0 + \gamma_1 ipp_{it} + \gamma_2 C_{it} + \varphi_i + \mu_t + \varepsilon_{it} \quad (11.3)$$

$$hte_{it} = \lambda_0 + \lambda_1 ipp_{it} + \lambda_2 csql_{it} + \lambda_3 C_{it} + \varphi_i + \mu_t + \varepsilon_{it} \quad (11.4)$$

$$csql_{it} = \omega_0 + \omega_1 ipp_{it} + \omega_2 C_{it} + \varphi_i + \mu_t + \varepsilon_{it} \quad (11.5)$$

模型（11.2）和模型（11.3）中的 csqt 表示消费升级"量"的变化，模型（11.4）和模型（11.5）中的 csql 表示消费升级"质"的变化。α_1 反映了知识产权保护对出口商品结构优化的总效应，β_1 和 λ_1 体现直接效应，$\gamma_1 \times \beta_2$ 为以消费"量"的升级为中介变量的中介效应，$\omega_1 \times \lambda_2$ 则为以消费"质"的升级为中介变量的中介效应。

二、变量与数据说明

（1）被解释变量：出口商品结构优化主要表现为出口产品结构的不断升级，出口商品的技术含量和附加值显著增加。本章采用高技术产品出口占出口总额的比重（hte）作为出口商品结构优化的衡量指标，并以高技术产品的出口总额（htesub）进行稳健性检验。

（2）解释变量：知识产权保护（ipp），以知识产权保护立法水平和知识产权保护执法水平的乘积表示各地区的实际知识产权保护强度。知识产权保护立法水平的测度参考韩玉雄和李怀祖（2005），知识产权保护执法水平的测算借鉴李平和史亚茹（2019）的方法，从法制化程度、法律完备程度、国际监督、经济发展水平、政府执法态度、公民法律保护意识六个方面综合衡量。此外，采用人均专利授权量（ippsub）进行稳健性检验。

（3）中介变量：消费升级，从"量"和"质"两个维度考量。消费升级"量"的扩张程度以居民人均消费水平（csqt_exp）的变化度量，同时以居民人均可支配收入（csqt_inc）进行稳健性检验。消费升级"质"的提升指消费结构从低层次向高层次迈进，表现为生存型消费占居民总消费比重降低，发展与享受型消费所占比重增加。恩格尔系数是衡量消费结构的重要指标，恩格尔系数越大，家庭食品消费支出比重越高，消费结构越低。为便于实证分析，本章采用除食品消费支出之外的其他消费所占比重（csql_fd）衡量消费结构，该指标值与恩格尔系数之和为1，指标值的增大反映了消费结构的改善与升级。同时，以除食品和衣着之外的消费支出比重（csql_fg）进行稳健性检验。

（4）控制变量：参考已有研究，本章选取了如下控制变量：第一，金融发展（fina），以金融机构贷款总额与GDP的比值衡量。高新技术行业对外源性融资的需求和依赖程度较高，金融发展水平的改善能增加行业资本积累，推动技术创新，扩大高技术产品出口（孙少勤和邱斌，2014）。第二，外商直接投资（fdi），以外商直接投资占GDP的比重度量。外商直接投资的技术溢出效应对出口商品结构的提升有积极作用（江小涓，2002）。第三，产业结构升级（ind），以第三产业增加值占GDP的比重衡量。产业结构状况和产业竞争能力会影响一国的出口商品构成（隋月红和赵振华，2008）。第四，人力资本（hc），以各地区6岁及以上人口的平均受教育年限度量，具体计算方法参考詹新宇（2012）。人力资本作为核心生产要素，不仅能直接促进出口结构高级化，还能发挥技术载体作用，加快技术创新，推动出口结构升级（吕洪燕等，2020）。

受数据可获得性限制，本章采用中国30个省级行政区2004~2019年的面板数据，未包含西藏自治区、香港地区、澳门地区和台湾地区。数据来源于《中国统计年鉴》、《中国科技统计年鉴》、EPS数据库，以及各省市统计年鉴，少量缺失数据采用插值法或均值法补齐。所有数据均以2004年为基期，并进行对数处理。变量说明、描述性统计如表11-1、表11-2所示。

表 11 - 1   变量说明

变量符号	变量名称	变量定义	单位
被解释变量			
hte	出口商品结构	高技术产品出口额占出口总额的比重，取对数	%
htesub		高技术产品出口额，取对数（稳健性检验）	亿元
解释变量			
ipp	知识产权保护	知识产权保护立法水平乘以知识产权保护执法水平，取对数	
ippsub		人均专利授权量，取对数（稳健性检验）	件
中介变量			
csqt_exp	消费"量"的升级	居民人均消费支出，取对数	元
csqt_inc		居民人均可支配收入，取对数（稳健性检验）	元
csql_fd	消费"质"的升级	除食品外的其他消费占比，取对数	%
csql_fg		除衣食外的其他消费占比，取对数（稳健性检验）	%
控制变量			
fina	金融发展	金融机构贷款总额与 GDP 的比值，取对数	
fdi	外商直接投资	外商直接投资占 GDP 的比重，取对数	%
ind	产业结构升级	第三产业增加值占 GDP 的比重，取对数	%
hc	人力资本	平均受教育年限，取对数	

表 11 - 2   变量的描述性统计

项目	均值	中位数	最大值	最小值	标准差	样本量
hte	2.297	2.407	4.353	- 2.088	1.247	480
htesub	3.720	3.738	8.155	- 1.669	1.850	480
ipp	1.029	1.075	1.727	0.392	0.250	480
ippsub	1.092	1.115	4.114	- 2.041	1.351	480
csqt_exp	8.977	8.964	10.532	7.783	0.557	480
csqt_inc	9.291	9.278	10.867	8.069	0.585	480

项目	均值	中位数	最大值	最小值	标准差	样本量
csql_fd	4.169	4.175	4.386	3.903	0.091	480
csql_fg	4.023	4.008	4.319	3.774	0.114	480
fina	0.163	0.141	1.645	−0.621	0.360	480
fdi	0.415	0.599	2.103	−4.576	1.063	480
ind	3.740	3.702	4.425	3.311	0.200	480
hc	2.166	2.167	2.540	1.853	0.114	480

第四节　实证结果分析

一、基准检验

本章实证分析采用双固定效应模型，由于控制了时间固定因素和地区固定因素，双固定效应模型更能准确地反映解释变量如何影响被解释变量。表 11-3 的第（1）列和第（2）列汇报了全样本基准检验的结果，其中第（1）列未添加控制变量，第（2）列引入了所有控制变量。从全样本的估计结果看，无论是否加入控制变量，知识产权保护的系数均显著为正，说明加强知识产权保护对出口商品结构有显著的促进作用，验证了假说1。控制变量中，外商直接投资的系数显著为正，表明外商直接投资通过竞争效应、示范效应、人员流动效应、产业关联效应等渠道产生的技术外溢促进了国内的技术进步，有利于出口结构的升级。金融发展对出口商品结构优化的影响不显著，其原因可能是金融资源在实体经济领域存在较为突出的供需矛盾和结构性错配（任碧云和贾贺敬，2019）。产业结构升级对出口商品结构优化未能发挥显著促进作用，原因可能在于先进制造业、研发等高端生产性服务业在产业结构中所占比重仍不够，难以充分支撑出口结构转型升级。人力资本对出口商品结构优化的影响不显著，可能是由于我国创新型人力资本水平不够高，对高新技术产业发展的支持不足。

二、稳健性和内生性检验

为保证回归结果的稳健性，本章进行了两方面的稳健性检验。第一，替换被解释变量，使用高技术产品的实际出口额作为出口商品结构变化的衡量指标，表 11－3 的第（3）列为回归结果。第二，替换解释变量，采用人均专利授权量作为知识产权保护的度量指标，估计结果见表 11－3 的第（4）列。稳健性检验的结果显示，知识产权保护的系数均显著为正，控制变量中，第（3）列中外商直接投资、人力资本的回归系数显著性增强。除此之外，回归结果与基准检验基本一致，表明基准回归结果是稳健可靠的。

由于知识产权保护和出口商品结构之间可能存在双向因果关系，这会导致模型的内生性问题。为一定程度上克服内生性问题，采用知识产权保护的滞后项作为解释变量，因为知识产权保护的滞后项不受当期出口商品结构的影响。内生性检验的结果如表 11－3 的第（5）列和第（6）列所示，知识产权保护滞后一期、滞后两期的系数均在 1% 的水平上显著为正，说明知识产权保护对出口商品结构优化的促进作用存在一定的滞后性。考虑内生性问题后，知识产权保护对出口商品结构优化有积极影响的结论依然成立。

表 11－3　　　　　　　　　　全样本检验

变量	基准回归		稳健性检验		内生性检验	
	（1）	（2）	（3）	（4）	（5）	（6）
ipp	0.645 *** (2.625)	0.548 ** (2.132)	1.088 *** (3.230)	—	—	—
ippsub	—	—	—	0.231 * (1.903)	—	—

变量	基准回归		稳健性检验		内生性检验	
	(1)	(2)	(3)	(4)	(5)	(6)
l. ipp	—	—	—	—	0.712 *** (2.905)	—
l2. ipp	—	—	—	—	—	0.880 *** (3.897)
fin	—	-0.018 (-0.058)	-0.097 (-0.264)	-0.010 (-0.033)	0.196 (0.696)	0.355 (1.278)
fdi	—	0.157 * (1.777)	0.289 *** (2.901)	0.170 * (1.950)	0.088 (1.309)	0.014 (0.205)
ind	—	0.313 (0.455)	-0.050 (-0.070)	0.348 (0.504)	0.218 (0.395)	0.277 (0.492)
hc	—	1.950 (1.251)	4.881 ** (2.517)	1.825 (1.092)	2.396 (1.584)	2.996 * (1.961)
constant	1.633 *** (6.388)	-3.726 (-0.766)	-7.141 (-1.297)	-3.279 (-0.658)	-4.458 (-1.070)	-6.123 (-1.450)
地区效应	Yes	Yes	Yes	Yes	Yes	Yes
时间效应	Yes	Yes	Yes	Yes	Yes	Yes
N	480	480	480	480	450	420
adi R^2	0.753	0.755	0.919	0.754	0.784	0.801

注：***、**、*分别表示在1%、5%和10%水平通过显著性检验；括号中的数值为 t 值。

三、异质性检验

中国各省市经济发展水平存在差异，知识产权的发展状况也各具特征。知识产权保护对出口商品结构优化的影响可能因各地的知识产权创造水平、知识产权运用情况、知识产权管理和服务水平的不同表现出一定的异质性。本章根据《2019 年中国知识产权发展状况评价报告》中的地区知识产权创造发展指数、知识产权运用发展指数、知识产权环境发展指数，按各指数的中位数对全样本进行划分，比较在知识产权创造、运用、环境的发展处于中高水平、中低水平的不同区域，知识产权保护对出口商品结构优化的影响是否有不同表现，回归结果见表 11 - 4。

表 11 - 4 的第（1）列、第（3）列、第（5）列分别为知识产权创造发展中高水平地区、知识产权运用发展中高水平地区、知识产权环境发展中高水平地区的检验结果，第（2）列、第（4）列、第（6）列则为相应的中低水平地区的估计结果。结果显示，第（1）列、第（3）列、第（5）列中知识产权保护的系数均在 1% 水平上显著为正，且系数值明显大于全样本检验的回归结果，其余各列中知识产权保护的系数均为负，但并不显著，表明在知识产权创造、知识产权运用、知识产权环境良好的地区，强有力的知识产权保护能有效优化出口商品结构，但这样的促进作用在知识产权创造、知识产权运用、知识产权环境相对薄弱的地区尚未显现，假说 2 得到验证。知识产权创造发展状况主要从知识产权创造的数量、质量和效率三个方面衡量，知识产权运用发展状况主要考察知识产权运用的规模和效益，知识产权环境发展状况则主要考量制度环境、服务环境和意识环境，在上述发展状况处于中低水平的地区，由于专利等知识产权创造的数量不足、质量相对不高，技术交易市场发展缓慢，知识产权法规制定不够健全，知识产权服务机构和服务体系建设相对滞后，抑制了知识产权保护对出口商品结构的优化效应的发挥。

表 11 - 4 异质性检验

变量	知识产权创造		知识产权运用		知识产权环境	
	（1）	（2）	（3）	（4）	（5）	（6）
ipp	1.587 *** (3.154)	- 0.255 (- 0.801)	1.510 *** (3.497)	- 0.414 (- 1.277)	1.533 *** (3.630)	- 0.430 (- 1.336)
fin	- 0.682 * (- 1.840)	0.277 (0.691)	- 0.394 (- 1.061)	- 0.244 (- 0.614)	- 0.818 * (- 1.869)	- 0.192 (- 0.465)

变量	知识产权创造		知识产权运用		知识产权环境	
	（1）	（2）	（3）	（4）	（5）	（6）
fdi	0. 306 *** （3. 107）	0. 183 * （1. 723）	0. 661 *** （6. 773）	0. 020 （0. 190）	0. 561 *** （5. 735）	0. 046 （0. 413）
ind	0. 825 （1. 513）	− 0. 747 （− 0. 759）	1. 095 ** （2. 372）	− 0. 136 （− 0. 129）	1. 236 ** （2. 587）	− 0. 146 （− 0. 136）
hc	1. 575 （0. 741）	1. 608 （0. 667）	− 4. 101 ** （− 2. 320）	4. 082 ** （2. 064）	− 1. 478 （− 0. 775）	4. 535 ** （1. 992）
constant	− 5. 609 （− 1. 056）	1. 256 （0. 169）	5. 596 （1. 298）	− 6. 139 （− 0. 915）	− 0. 520 （− 0. 113）	− 7. 088 （− 0. 959）
地区效应	Yes	Yes	Yes	Yes	Yes	Yes
时间效应	Yes	Yes	Yes	Yes	Yes	Yes
N	240	240	240	240	240	240
adj R^2	0. 734	0. 715	0. 756	0. 696	0. 743	0. 702

注：***、**、*分别表示在1%、5%和10%水平通过显著性检验；括号中的数值为 t 值。

四、中介机制检验

上文的分析表明，知识产权保护对出口商品结构优化有积极影响，为检验在知识产权保护与出口商品结构优化之间消费升级可能起到的中介作用，本章进行了中介效应检验，回归结果见表 11 – 5。表 11 – 5 的第（1）列和第（2）列为以消费"量"的升级作为中介变量的回归结果，使用居民实际人均消费支出衡量消费升级"量"的变化，为保证结果的稳健性，第（3）列和第（4）列将度量指标更换为居民实际人均可支配收入。表11 – 5 的第（5）列和第（6）列为以消费"质"的升级作为中介变量的回归结果，以除食品消费支出之外的其他消费占比衡量消费升级"质"的变化，第（6）列和第（7）列作为稳健性检验，将测度指标替换为除衣食支出之外的其他消费占比。

表 11 - 5 第（1）列和第（5）列知识产权保护的系数显著为正，表明加强知识产权保护不仅能促进消费"量"的扩张，也能推动消费"质"的提升。第（2）列和第（6）列的模型中加入了中介变量，估计结果显示，知识产权保护的系数仍显著为正，与表 11 - 3 的第（2）列相比，系数值有所下降，且消费"量"的升级和"质"的升级的回归系数也都显著为正，表明从"量"和"质"两个维度看，消费升级在知识产权保护与出口商品结构优化之间发挥了中介效应，且为部分中介效应。进一步地，本章计算了中介效应在总效应中所占的比重，消费"量"的升级所占比重为14.89%，消费"质"的升级所占比重为19.32%，表明在知识产权保护促进出口商品结构优化的过程中，消费结构升级发挥着比消费水平提高更大的中介作用，假说 3 得到验证。表 11 - 5 中第（3）、第（4）列、第（7）列、第（8）列的稳健性检验结果与上述回归结果基本一致，再次验证了中介机制检验结果是稳健可靠的。

表 11 - 5　　　　　　　　　　　中介机制检验

变量	（1）	（2）	（3）	（4）	（5）	（6）	（7）	（8）
	csqt_exp	hte	csqt_inc	hte	csql_fd	hte	csql_fg	hte
ipp	0. 092 *** (3. 219)	0. 466 * (1. 809)	0. 082 *** (3. 162)	0. 448 * (1. 727)	0. 022 ** (2. 527)	0. 441 * (1. 748)	0. 023 ** (2. 200)	0. 441 * (1. 773)
csqt_exp	—	0. 887 * (1. 735)	—	—	—	—	—	—
csqt_inc	—	—	—	1. 215 ** (2. 032)	—	—	—	—
csql_fd	—	—	—	—	—	4. 813 *** (3. 269)	—	—
csql_fg	—	—	—	—	—	—	—	4. 542 *** (3. 596)
fin	0. 263 *** (6. 188)	- 0. 251 (- 0. 760)	0. 215 *** (5. 491)	- 0. 280 (- 0. 881)	- 0. 023 ** (- 2. 162)	0. 090 (0. 308)	- 0. 021 * (- 1. 678)	0. 079 (0. 278)

续表

变量	(1) csqt_exp	(2) hte	(3) csqt_inc	(4) hte	(5) csql_fd	(6) hte	(7) csql_fg	(8) hte
fdi	− 0.005 (− 0.650)	0.162 * (1.843)	0.003 (0.466)	0.153 * (1.722)	0.001 (0.298)	0.155 * (1.785)	0.003 (1.106)	0.145 * (1.718)
ind	0.168 ** (2.293)	0.165 (0.236)	0.189 *** (2.878)	0.084 (0.117)	− 0.088 *** (− 5.547)	0.735 (1.027)	− 0.090 *** (− 4.432)	0.720 (1.009)
hc	− 0.339 ** (− 2.085)	2.251 (1.484)	− 0.181 (− 1.218)	2.170 (1.434)	0.075 (1.279)	1.591 (1.023)	0.052 (0.729)	1.713 (1.104)
constant	8.948 *** (18.227)	− 11.661 * (− 1.945)	8.854 *** (20.595)	− 14.487 ** (− 2.327)	4.315 *** (30.634)	− 24.495 *** (− 2.934)	4.223 *** (24.358)	− 22.906 *** (− 2.881)
地区效应	Yes	Yes	Yes	Yes	Yes	Yes	Yes	Yes
时间效应	Yes	Yes	Yes	Yes	Yes	Yes	Yes	Yes
N	480	480	480	480	480	480	480	480
adj R^2	0.985	0.757	0.988	0.759	0.943	0.762	0.941	0.765

注: *** 、 ** 、 * 分别表示在 1% 、5% 和 10% 水平通过显著性检验;括号中的数值为 t 值。

第五节　研究结论及启示

本章结合 2004 ~ 2019 年中国 30 个省级行政区的面板数据,实证检验了知识产权保护对出口商品结构升级的影响及其区域异质性,以及在知识产权保护促进出口商品结构优化的过程中,消费"量"的升级和"质"的升级起到的中介作用。研究结果表明:第一,知识产权保护对出口商品结构优化有显著正向促进作用,加强知识产权行政执法和司法保护力度,有助于出口结构转型升级。第二,知识产权保护对出口商品结构优化的促进效应存在区域异质性,在知识产权创造、运用、环境发展处于中高水平的地区,促进效应显著存在;反之,在知识产权创造、运用、环境发展处于中低水平的地区,知识产权保护对出口商品结构优化的影响不显著。第三，在知识产权保护促进出口商品结构优化的过程中，消费升级发挥了部分中介作用，即知识产权保护除了从供给侧产生直接作用外，的确从需求侧产生了间接促进出口商品结构优化的作用。从消费升级的不同表征维度看，消费"质"的升级对优化出口商品结构的作用力要强于消费"量"的升级。

习近平总书记在中央政治局第二十五次集体学习时指出，知识产权保护工作关系国家治理体系和治理能力现代化、关系高质量发展、关系人民生活幸福、关系国家对外开放大局、关系国家安全，这五大"关系"体现了新时代知识产权保护工作的极端重要性。根据本章研究结论得出以下启示：第一，知识产权保护对出口商品结构优化有显著正向促进作用，因此，在双循环新发展格局背景下，要切实提高知识产权保护水平，营造良好的创新氛围，优化营商环境，为建设更高水平开放型经济新体制"保驾护航"，通过加强知识产权保护，促进出口商品结构的优化，实现外贸高质量发展，推进高水平开放。第二，知识产权保护对出口商品结构优化的促进效应存在区域异质性，因此，双循环新发展格局背景下，需要构建区域知识产权协同发展新格局，促进区域知识产权一体化发展。鼓励区域间协同创新，促进知识产权创造能力的整体提升；鼓励区域间知识产权转移转化，促进知识产权向现实生产力转化水平的整体提高；鼓励建立跨区域知识产权联合执法机制，促进知识产权保护水平的整体提升；鼓励区域间知识产权公共服务平台的共享和知识产权服务联盟的构建，促进知识产权服务能力的整体提升。第三，消费升级是知识产权保护促进出口商品结构优化的重要作用路径，并且消费"质"的升级发挥的中介作用大于消费"量"的升级，因此，在双循环新发展格局背景下，需要培育数字消费等新兴消费业态激发国内超大规模市场优势，需要提升产品供给质量和品牌效应，促进消费"质"的提升。

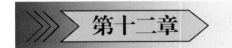

第十二章

新发展格局下知识产权保护
促进经济高质量发展的政策建议

第一节　创新维度的政策建议

创新发展位于五大发展中的首位，是引领发展的第一动力，《中共中央关于制定国民经济和社会发展第十四个五年规划和二〇三五年远景目标的建议》中首次提出"坚持创新在我国现代化建设全局中的核心地位"，表明了创新在新发展格局下的重要性，科技自立自强是"双循环"新发展格局的战略支撑。保护知识产权就是保护创新，知识产权保护是创新发展的重要保障，能有效激励创新，为创新保驾护航，保护创新者的合法权益。

一、微观层面的政策建议

（一）提高企业知识产权保护意识

企业是创新的主体，也是知识产权保护的主体。通过加大宣传培训力度，增强企业知识产权保护意识。一方面，要加强企业创新成果的保护，通过专利申请、商业秘密保护、商标注册等使得企业创新成果及时得到法律保护。要提高企业经营全过程的知识产权保护意识，注重研发、设计、合同签订、采购、生产、销售等全流程知识产权风险管控，时刻绷紧知识产权保护这根弦，让知识产权保护真正为企业创新"保驾护航"。另一方面，提高知识产权保护意识，避免侵犯他人权利和被他人侵权。企业在研发设计前，要加强专利技术检索，避免重复研发，更避免盲目生产新产品后导致侵权纠纷风险。尤其是企业产品在走向国际市场的过程中，更要了解产品是否侵犯国外的知识产权，避免巨大的经济损失和国际市场的失控。为了更好地走向国际市场，要注重专利布局，尤其是与产品有关的关键技术领域核心专利的布局，这是产品顺利走向国际市场的重要保障。同样，对于企业专利技术被侵权的情况，要善于拿起法律武器保护自身合法权益，确保企业经济利益不受损的同时，也避免社会形象和声誉的受损，巩固市场地位。

（二）实施企业知识产权保护战略

企业知识产权保护战略指的是企业运用知识产权制度，为保护自身合法权益、保持市场竞争优势、遏制潜在竞争对手、谋求企业最佳利益，而策划设计的一系列策略和手段。制定和实施企业知识产权保护战略有助于企业将知识产权工作与总体经营目标进行有机融合，有助于通过知识产权无形资产增强企业核心竞争力。从涵盖内容来看，企业的知识产权保护战略可以分为专利保护战略、商标保护战略、版权保护战略、商业秘密保护战略等，也可以采用外观设计与商标的交叉保护、商业秘密与专利的双重保护、商标与域名的一体化保护、版权与外观设计的从属保护，等等。从保护目的来看，企业的知识产权保护战略可以分为进攻型战略、防守型战略等，进攻型战略主要有基本诉讼战略、投资并购战略等，通过实施进攻性战略获得竞争优势；防守型战略主要有交叉许可战略、规避战略、无效战略、文献公开战略等，通过实施防守型战略避开降低外部威胁。针对不同情况，企业可以采取不同的保护战略，也可以交叉使用多种保护战略，以取得最大的保护效果。

二、中观层面的政策建议

（一）知识产权保护赋能产业链发展

以知识产权保护促进创新链发展，围绕创新链布局产业链，通过铸链、补链、强链、延链、固链，增强产业链韧性，提升产业基础高级化和产业链现代化水平。以知识产权保护促进创新成果的产业化、产品化、市场化，推动创新链、产业链、市场链的有效衔接，将企业的创新、研发、产业化和市场推广等有效联结起来，激发国内市场的消费潜力，促进消费升级。以知识产权保护推动知识产权示范园区建设，推进新兴产业集聚发展和传统产业转型升级，推进产业技术创新、产品创新和商业模式创新。以知识产权保护驱动产业转向中高端，实现由知识产权大国向知识产权强国转变的目标。以知识产权保护营造良好的创新创业生态环境，引领创新和创业发展，推进大众创业、万众创新，为创新创业营造公平、公正、有序竞争的良好市场环境，赋能产业链发展。

（二）知识产权保护赋能产业集聚

一方面，在知识产权密集型产业集聚区，建设知识产权保护中心，建立案件快速受理和科学分流机制，实现知识产权快速协同保护。为知识产权密集型产业集聚区的重点企业提供快速预审、快速确权和快速维权服务，全面提升创新企业确权和维权效率。另一方面，在知识产权密集型产业集聚区，建设一站式知识产权服务平台，为知识产权密集型产业集聚区的重点企业提供专利导航、司法办案、仲裁调解、涉外纠纷处理等专业服务，实现知识产权保护资源集成和协同保护。

三、宏观层面的政策建议

（一）完善知识产权保护体制机制

第一，发挥国家知识产权保护示范区的示范引领作用。通过国家知识产权示范区建设，在知识产权保护体制机制建设上先行先试，形成知识产权保护高地的同时，起到示范引领带动作用，推进更大范围的知识产权保护体制机制的完善。第二，加强统筹协调，促进政策间的有效衔接。促进知识产权保护政策与科技、产业、贸易、财税等政策的有效衔接。将知识产权产品逐步纳入国民经济核算，加大对关系国计民生的重大科技项目等的知识产权评议。第三，深化司法保护和行政执法协作，通过数据信息互联互通，推进知识产权保护行政与司法"无缝对接"，共同推进知识产权"严保护、大保护、快保护、同保护"格局的构建，合力加强知识产权保护。第四，不断健全新领域新业态知识产权保护制度。健全互联网、电子商务、大数据等领域的知识产权保护制度，加大新领域新业态下知识产权的保护与救济力度。第五，主动参与知识产权全球治理，持续加大在知识产权保护领域的国际合作，推动知识产权对外开放。

（二）推进知识产权全链条保护

习近平总书记在中央政治局第二十五次集体学习时指出，要强化知识产权创造、运用、保护、管理、服务全链条保护，增强系统保护能力。需要进一步强化对科技创新的激励，提高审查授权质量，为知识产权保护夯实基础，也为推进知识产权大国向知识产权强国转变打下基础。进一步强化知识产权转化运用，促进创新成果向现实生产力转变，产业化运用是知识产权保护的重要目的。进一步推动知识产权保护机制建设，提高知识产权维权援助效率，增强知识产权司法保护与行政保护合力，健全社会共治模式，形成全方位、多层次、立体化的知识产权大保护格局。进一步加强知识产权管理，知识产权管理贯穿于知识产权创造、保护、运用与服务的各个环节之中，能促进知识产权创造、提高知识产权保护、运用与服务水平。进一步优化知识产权服务，加强专利信息检索分析系统的推广运用，开展知识产权领域"新基建"，加快知识产权信息工作站及服务网点建设的布局，建设知识产权保护大数据中心和公共服务平台，提升知识产权服务的便利化和快捷化。

第二节　协调维度的政策建议

知识产权保护可以通过推进创新要素流动、优化创新资源配置、营造良好市场环境等促进区域协调发展、城乡一体化发展、产业协调发展、精神文明与物质文明协调发展、人与自然协调发展，等等。

一、推进创新要素流动方面的政策建议

创新要素是自主创新的关键，加强知识产权保护有利于创新要素在城乡之间、区域之间、国内国际市场间自主有序流动。

（一）促进知识产权贸易发展

加强知识产权保护，助推知识产权贸易发展，能促进专利技术在城乡、区域、国内国际市场的许可交易，推进专利技术在区域之间的转移转化，缩小区域间、国内、国际市场间的技术差距，促进城乡、区域、国内、国际的技术的协调发展。加大含有知识产权的中间产品的进口，通过进口贸易的技术溢出效应，缩小国内、国际技术差距，促进国内、国际市场的协调发展。加强知识产权保护，加大含有知识产权的产品的出口，以高水平开放推动国内国际循环有效联动。在知识产权保护下，加快打造更多的版权精品，促进版权贸易发展，不断满足人民群众在精神、文化、健康、安全等方面的需求，造就文化繁荣、科技进步的精神与物质双文明，从而推进经济社会协调发展。

（二）促进专利技术转化运用

加强知识产权保护，促进知识产权转化运用，尤其是跨区域间的转化运用，推进区域间产业协调发展。加快生物农药方面的自主知识产权的转

化运用、农作物新品种的推广，使知识产权成为农业发展的重要资源和核心竞争力，用知识产权提升农业现代化水平，缩小城乡发展差距，降低农村的恩格尔系数，统筹城乡协调发展。以专利技术的转化运用促进经济发展薄弱地区的新型工业化，推动区域协调发展。加强知识产权保护，发展低碳经济，以低能耗、低污染、低排放为基础，着眼能源高效利用和清洁能源开发，制定低碳技术重点发展战略规划，加大低碳技术领域的科技研发投入，在低碳技术领域拥有一批自主知识产权，加大产业化运用和新产品开发，统筹人与自然协调发展。加快专利技术的产业化运用，加快新产品的开发，激发国内市场消费潜力，缩小国内、国际产品差异，促进双循环协调发展。

二、优化创新资源配置方面的政策建议

（一）优化国内市场的创新资源配置

知识产权保护激励创新，一方面，创新赋能传统产业转型升级，促进劳动密集型、资本密集型、技术密集型产业向知识产权密集型产业转变，更多的人力、物力、财力等创新资源转向转型升级后的产业，提高创新资源配置效率，促进产业协调发展，推动经济高质量发展。另一方面，创新驱动新兴产业兴起，新兴产业与传统产业相比，具有高技术含量、高附加值、资源集约等特点，能使经济依靠创新驱动驶上高质量发展的快车道。产业兴则经济兴，产业强则经济强，以传统产业的转型升级和新兴产业的兴起助力经济高质量发展，促进双循环有效联动。

（二）优化国际间的创新资源配置

在开放式创新下，要善于利用好国内国际两种资源，提高创新资源配置效率。一方面，加强知识产权保护，吸引优质外资。吸引跨国公司的研

发中心向我国转移，研发环节产生的技术外溢效应、人力资源配置效应以及上、下游产业关联效应，将提高我国的创新资源配置效率。另一方面，加强知识产权保护，走向国际市场。通过在其他国家建立研发中心，充分利用其他国家人才等创新资源，协同创新。同时鼓励产品走向国际市场，鼓励外贸出口企业加大知识产权出口贸易，以专利技术、商标品牌为核心竞争力占据全球价值链中高端，以高水平开放推动内贸外贸一体化发展，促进国内、国际双循环有效联动。

三、营造良好营商环境方面的政策建议

（一）营造技术转移的良好市场环境

加大知识产权保护，加强知识产权运营机构建设，加快推进技术市场高质量发展，营造技术转移的良好市场环境，强化区域互助合作，促进技术区域内以及区域间的有效流动，提高专利技术向现实生产力的转化率，在推动区域经济高质量发展的同时也助推区域间的经济高质量发展。加大知识产权保护，促进专利技术国际间的转移，在技术引进、消化吸收后实现技术再创新，缩小技术国际间的差距。

（二）营造高水平开放的良好营商环境

加大知识产权保护力度，严厉打击侵权假冒违法行为，加快知识产权新型基础设施建设，全力打造国际化法治化的优良营商环境，搭建企业交流合作平台，吸引优质外资以及高科技产品进口，通过外商直接投资和进口贸易带来的技术外溢效应、干中学效应、人力资源配置效应，缩小国内外技术领域、产品领域的差距。同时，也为本国高附加值产品的出口，为攀升全球价值链中高端营造良好的环境，促进国内、国际循环有效联动。

第三节　绿色维度的政策建议

绿色发展已成为全球共识，这标志着世界发展的价值观正在发生根本变化，绿色发展也是我国经济高质量发展的核心要求。绿色在发展中实现，它是社会进步的内在体现，绿色发展的关键是科技创新。绿色技术、绿色产业、绿色消费是绿色发展的重要体现。

一、激励绿色技术创新方面的政策建议

（一）提升企业绿色技术创新的内在驱动力

企业是绿色技术创新的主体，内在激励机制的建立健全是关键。第一，要提高绿色技术的创新意识，绿色发展作为一种全球共识，既导致了围绕低碳经济、可持续发展的科技创新成为当代的技术特征，使国际间的科技竞争明显加剧，又导致一系列新的国际竞争新规则和定价方式的出现，直接影响到企业未来的生存与发展，进入绿色技术创新的良性循环是企业可持续发展以及塑造未来核心竞争力的必然选择。第二，要加大绿色技术创新人才与资金的投入力度。聚焦绿色产品设计、绿色工艺设计、绿色设备制造、绿色材料开发、绿色包装设计、绿色回收处理等，持续加大创新人才与研发资金的投入。第三，核心关键技术领域布局绿色技术专利。产品未行，专利先行，对于龙头企业，要注重形成整个技术系统的专利保护，营造良好的绿色技术创新生态。

（二）提升企业绿色技术创新的外在驱动力

绿色发展事关人与自然和谐共生，事关经济可持续发展，政府层面的政策和管理规定是推动企业绿色技术创新的重要力量。第一，政府政策法

规的强制规定。例如，《中华人民共和国环境保护法》第四条规定，保护环境是国家的基本国策。国家采取有利于节约和循环利用资源、保护和改善环境、促进人与自然和谐的经济、技术政策和措施，使经济社会发展与环境保护相协调。《中华人民共和国环境保护法》第六条规定，一切单位和个人都有保护环境的义务。企业事业单位和其他生产经营者应当防止、减少环境污染和生态破坏，对所造成的损害依法承担责任。这些政策法规对企业有环境保护方面的强制规定，有助于倒逼企业绿色技术创新。第二，政府环境管理的经济刺激手段，主要包括排污收费、排污权交易及税收等。例如，国家税务总局 2022 年发布的《支持绿色发展税费优惠政策指引》，涉及 56 项支持绿色发展的税费优惠政策，涵盖支持环境保护、促进节能环保、鼓励资源综合利用、推动低碳产业发展四个方面，体现了政府税收对企业绿色低碳发展的促进和激励作用。

二、推进绿色产业发展方面的政策建议

（一）持续出台绿色产业政策

2019 年国家发展改革委、工业和信息化部、自然资源部、生态环境部、住房和城乡建设部、中国人民银行、国家能源局联合印发《绿色产业指导目录（2019 年版）》，指明绿色产业包括节能环保产业、清洁生产产业、清洁能源产业、生态环境产业、基础设施绿色升级、绿色服务。国家出台了一系列绿色产业政策推进绿色产业发展，例如，《关于加快建立绿色生产和消费法规政策体系的意见》《关于营造更好发展环境 支持民营节能环保企业健康发展的实施意见》《关于组织推荐绿色技术的通知》《清洁能源发展专项资金管理暂行办法》《关于组织开展绿色产业示范基地建设的通知》《关于加快建立健全绿色低碳循环发展经济体系的指导意见》等，应结合碳达峰行动方案等，持续出台更多的绿色产业政策，加强跨部门联动，完善促进绿色产业发展的综合政策体系，实施绿色发展奖补机

制，推进绿色产业的持续发展。

（二）促进绿色技术的产业化运用

促进绿色技术的转移转化，以绿色技术创新赋能传统产业升级改造和壮大节能环保、清洁生产、清洁能源等绿色产业。打造绿色技术创新链，围绕创新链布局绿色技术产业链，提升绿色产业链自主可控能力。打造绿色产业园区，加速绿色产业集聚，强化节能减排，将节能减排成效作为园区考核的主要目标，使绿色产业园区成为优化生态环境的主战场。强化数字赋能，以数字技术推动绿色转型，促进产业链绿色生产管理创新。

三、引导绿色消费兴起方面的政策建议

（一）增强绿色消费观念

绿色消费的实现离不开绿色消费意识的确立，广泛宣传绿色发展理念，倡导绿色消费价值观。通过电视媒体等，倡导节约资源、减少污染的绿色消费理念。选购产品时，鼓励选购低污染低消耗的绿色产品，例如环保电池、绿色食品、绿色服装、绿色建材、绿色家电、再生纸、再生塑料等。鼓励自备购物包、使用环保购物袋。吃饭消费时，鼓励自备餐具，尽量少使用一次性餐具。消费过程中，鼓励重复使用、多次利用、垃圾分类、循环回收。

（二）加大绿色产品认证

目前，绿色产品认证的不到位，导致一些消费者辨不清真伪，有绿色消费意愿，但无法真正促进绿色产品的消费。绿色产品生产企业要按照市场监管总局统一制定发布的绿色产品认证规则开展认证活动，取得绿色产品认证，通过统一认证、商标品牌、外观设计、包装说明等，引导消费者作出正确的绿色消费选择，激发绿色产品的消费潜力，扩大绿色产品的消

费规模。出口企业要遵循国际规则，积极推进中国绿色产品的国际认证以及快递包装绿色产品认证，赢得更多的国际市场份额。消费者要积极选用通过绿色产品认证的产品，通过扩大绿色产品的消费规模，提升绿色产品的利润率，激发企业生产绿色产品的积极性，进一步推动绿色技术的再创新、绿色技术的再产业化、绿色产品的再市场化，推动绿色消费的良性循环。

第四节　开放维度的政策建议

开放发展，共享共赢，是时代发展最强音。高水平开放是实现高质量发展的内在要求，是驱动国内国际循环有效联动的必由之路。

一、塑造企业国际竞争新优势

（一）培育知识产权密集型出口企业

提升知识产权密集型产品对外贸出口的贡献率，是我国从贸易大国向贸易强国转变的重要标志。知识产权密集型产品的生产与出口离不开知识产权密集型企业的培育。知识产权密集型企业，尤其是专利密集型企业，创新能力强、市场竞争力强、抗风险能力强，在国际市场上具有核心竞争力。培育壮大知识产权密集型企业是我国推动知识产权与产业深度融合发展、促进知识产权向现实生产力转换、助力经济高质量发展、促进双循环有效联动的重要举措。知识产权密集型出口企业的培育，首先是提高企业在关键技术领域的知识产权创造能力，在进军国际市场前，产品未动、专利先行，要做好国际市场的专利布局。其次是提高知识产权转化运用能力，基于专利技术进行新产品开发，让知识产权成为出口的核心竞争优势。最后要注重国际专利和国际商标的申请，使知识产权成为企业"走出去"的标配，成为企业对外谈判的核心筹码。

（二）出口企业构建专利联盟

出口企业可以以相关的专利技术构建专利联盟，联盟内可以进行专利交叉许可，形成专利组合，抱团取暖，增强对外谈判能力。充分发挥行业协会的桥梁作用，在相关技术领域的企业加强技术交流与合作，关注关键技术领域的最新动态，协同创新突破关键技术领域需要突破的共性的专利问题，提出相关技术领域的标准。专利联盟日常加强知识产权培训，提高创造、运用、管理、保护能力，开展专利导航、专利分析与预警，开展专利交叉许可，推进专利产业化运用。专利联盟企业走向国际市场时，可以联合对外开展专利许可谈判、专利交易，共同诉讼维权，增强出口企业的整体谈判实力和出口核心竞争力。

二、向全球产业链中高端攀升

（一）大力发展知识产权密集型产业

美国专利商标局发布的《知识产权和美国经济：第三版》，研究了2019 年知识产权密集型产业对美国经济的产出和就业的贡献，知识产权密集型产业占美国 GDP 的近 41%，直接就业占美国就业总量的 33%。知识产权已经成为一个国家产业竞争力的基石，知识产权密集型产业是驱动经济增长并保持经济竞争优势的重要因素，未来，产业的竞争关键取决于知识产权的竞争。与传统的劳动、资本、土地等要素相比，知识产权作为高级生产要素，在经济高质量发展过程中发挥着巨大作用。知识产权密集型产业包括专利密集型产业、商标密集型产业、版权密集型产业等，其中专利密集型产业是产业创新水平的重要体现，《"十四五"国家知识产权保护和运用规划》中明确规定了专利密集型产业增加值占 GDP 比重，2025 年达到 13%，各省（区、市）也采取了一系列政策促进专利密集型产业的壮大。要继续以政府为主导，以企业、行业协会、中介服务组织等多元主体协同推进知识产权密集型产业的发展。

（二）提升产业链现代化水平

百年未有之大变局、中美贸易摩擦给我国现代产业体系建设和发展带来前所未有的新机遇与新挑战。一方面，传统全球价值链分工越来越难以避免贸易摩擦带来的关键领域"卡脖子"问题。另一方面，以人工智能、大数据、量子科技等为代表的新科技革命催生越来越多的新产业、新业态、新模式，对我国现代产业体系建设形成源源不断的内生动力。2019 年 8 月，习近平总书记在中央财经委员会第五次会议指出，"要充分发挥集中力量办大事的制度优势和超大规模的市场优势，打好产业基础高级化、产业链现代化的攻坚战"。围绕产业链部署创新链，形成产业链关键技术领域的核心专利的有效布局，是打好产业基础高级化、产业链现代化攻坚战的重要基础。围绕创新链布局产业链，推进科技成果转移转化和产业化，促进强链补链固链延链工程的实施，增强产业链韧性、增强产业链自主可控能力，是打好产业基础高级化、产业链现代化攻坚战的重要体现。

三、推进高水平开放

（一）吸引优质外商直接投资

加强知识产权保护，提高执法力度，实行侵权惩罚性赔偿制度等，建立与国际接轨的知识产权保护法律法规，建设高效便捷且具国际认可度的知识产权纠纷调节机制，营造良好的营商环境，吸引外国投资者将研发中心、高端生产环节、人才数据等创新要素转移到我国。优化引资结构，吸引高质量外资，尤其是战略性新兴行业、高技术行业、现代服务业，结合不同行业特征细化知识产权政策，加深中外企业的技术合作，学习跨国公司的新技术新业态新模式，发挥其外溢效应，从外资的角度促进高水平开放。

（二）发展知识产权贸易

知识产权贸易促进了创新产品国际间的开放与共享，促进开放式创新。知识产权贸易的发展程度体现了我国从贸易大国向贸易强国转变的成效。在知识产权贸易过程中，要注意出口侵权风险防范及规避，尤其是目前跨境电商出口企业，数量众多，实力悬殊，导致侵权问题频发，损失惨重，要增强知识产权保护意识。加强知识产权保护，推动知识产权领域的国际合作，推动知识产权国际治理体系的完善，增强在国际规则制定中的话语权，推进高标准的制度性开放，为对外开放营造宽松的国际环境，为知识产权产品"走出去""引进来"创造良好的环境，从外贸的角度促进高水平开放。

第五节　共享维度的政策建议

实现改革发展成果由人民共享是社会主义的本质要求，共享发展是创新发展、协调发展、绿色发展、开放发展的最终目标。

一、加大产学研协同创新体的知识产权共享

（一）加强"产学研"深度融合

"产学研"深度融合是推动技术创新，促进创新成果产业化的重要手段，是创新链产业链有效衔接的重要途径。一方面，要聚焦企业技术领域的难题，构建以龙头企业牵头、高校和科研院所支撑、各创新主体相互协同的创新联合体，开展"揭榜挂帅"，产学研协同攻克技术难题，这样的

创新成果更加符合企业的实际需求，为后期的创新成果产业化运用打下基础。另一方面，高校、科研院所是知识产权创造的主力军，对接企业需求，进行专利有效组合，推进专利成果产业化运用，围绕创新链布局产业链，开发新产品。

（二）完善知识产权共享及利益分配机制

推动产学研协同创新向纵深发展，促进产学研协同创新体的知识产权共享，建设创新生态圈，形成创新网络耦合关系，促进协同创新能力快速增长，有助于提高关键技术领域的集体攻关能力，通过协同创新催生一批高价值专利，有助于增强专利产业化和产品市场推广应用的能力，最大程度地实现知识产权的市场价值。产学研协同创新过程中，要切实协调好多方主体的利益分配，建立风险共担责任机制，知识产权共享及利益分配机制的完善是产学研协同创新体长期稳定开展协同创新的重要保障。

二、加大知识产权区域间的共享

（一）加大区域间的技术转移转化

由于不同区域的经济发展、制度建设水平不同，知识产权发展存在显著的区域不平衡，加大知识产权在区域间的转化运用，围绕重点产业开展跨区域合作培育高价值专利，推动知识产权交易信息共享，加快知识产权交易平台一体化建设，在知识产权开放许可、质押融资等方面深度合作，有助于优化区域间的知识产权资源配置，推进知识产权在区域间的流通与共享，有助于专利技术集成以及再创新，有助于专利技术跨区域的产业化运用，提高知识产权转化运用率，提升知识产权向现实生产力转化的能力，增加知识产权的社会效益和经济效益。

（二）处理好共享中的知识产权侵权隐患

由于知识产权具有一定的外部性，加大知识产权保护，加快知识产权区域间的共享必然带来外溢效应，带动传统产业转型升级，催生国内经济发展的良性共享与循环升级。处理好区域间知识产权共享中的知识产权侵权隐患才能为区域共享发展提供源源不断的动力源。加大信息资源、网络资源、数字资源等区域间共享过程中的知识产权保护，加大新业态、新商业模式等新形态创新成果区域间共享时的知识产权保护，通过"区块链"等技术手段增强知识产权保护，保障知识产权区域间共享的持续有序健康发展。

三、加大知识产权产品的共享

（一）数字经济下的知识产权产品消费市场更需要完善的知识产权保护制度

应持续健全数字领域、绿色技术等知识产权的法律法规和政策体系。随着新技术的迅猛发展，新产品、新业态、新消费模式不断出现，给知识产权的权利主体、侵权责任、侵权主体认定增加了难度，知识产权保护的立法工作要跟上时代的步伐，加快修订现有知识产权相关法律，提高立法效率。完善数据知识产权法律法规，解决数据产权问题，结合消费典型新型案例，加强数据知识产权全链条保护。互联网环境下智力成果主要通过数字符号等表现出来，很容易被复制传播，知识产权侵权成本极低，要尽快将数据流、视频、音频等非实体性智力成果纳入知识产权保护对象。环境、气候、低碳等绿色技术知识产权立法难度较高，我国目前相关知识产权的立法较为滞后，为促进绿色消费发展，应尽快完善绿色技术知识产权法律法规与相关政策。

（二）数字经济下的知识产权产品消费市场更需要知识产权司法保护和执法保护

信息消费、文化消费等依托新技术，有明显的跨行业融合的特征，绿色消费所涉及的技术也具有很强的专业性，新型技术类知识产权案件的侵权事实和侵权责任判定有一定难度，司法机关在处理复杂技术类知识产权案件时面临专业审判人员缺乏、审判经验不足等挑战。为更好处理信息消费、绿色消费、文化消费模式下的各类技术性知识产权案件，法院需充实知识产权审判队伍，健全技术调查官制度，完善技术类知识产权案件的诉讼证据制度。进一步提高电商领域知识产权执法水平，加大对电商平台假冒专利、商标侵权行为的打击力度。加强知识产权执法与消费者权益保护、产品质量等执法的衔接，推进综合执法，提高行政执法人员的专业技术、办案水平和执法效率。加深不同区域知识产权执法协作，区域联合行动，打击制假售假、违法侵权等行为。加快推进知识产权行政、司法保护的有机衔接和优势互补，为消费结构升级构筑全方位的知识产权保护网络。

参 考 文 献

[1] 包则庆，林继扬．技术创新、工资增长与产业结构升级——基于 PVAR 模型的动态分析 [J]．东南学术，2020（3）：172 – 180.

[2] 蔡绍洪，俞立平．创新数量、创新质量与企业效益：来自高技术产业的实证 [J]．中国软科学，2017（5）：30 – 37.

[3] 陈冲，吴炜聪．消费结构升级与经济高质量发展：驱动机理与实证检验 [J]．上海经济研究，2019（6）：59 – 71.

[4] 陈丰龙，王美昌，徐康宁．中国区域经济协调发展的演变特征：空间收敛的视角 [J]．财贸经济，2018（7）：128 – 143.

[5] 陈丰龙，徐康宁．本土市场规模与中国制造业全要素生产率 [J]．中国工业经济，2012（5）：44 – 56.

[6] 陈景华，陈姚，陈敏敏．中国经济高质量发展水平、区域差异及分布动态演进 [J]．数量经济技术经济研究，2020（12）：108 – 126.

[7] 陈诗一，陈登科．雾霾污染，政府治理与经济高质量发展 [J]．经济研究，2018（2）：20 – 34.

[8] 陈新年．顺应居民消费升级趋势　加快构建新发展格局——疏解消费升级难点堵点痛点的建议 [J]．宏观经济管理，2021（3）：24 – 29.

[9] 陈战光，李广威，梁田等．研发投入、知识产权保护与企业创新质量 [J]．科技进步与对策，2020（5）：108 – 117.

[10] 代中强，梁俊伟，孙琪．知识产权保护，经济发展与服务贸易出口技术复杂度 [J]．财贸经济，2015（7）：109 – 122.

[11] 代中强. 知识产权保护提高了出口技术复杂度吗?——来自中国省际层面的经验研究 [J]. 科学学研究, 2014 (12): 1846-1858.

[12] 戴俊骋, 那鲲鹏, 赵子婧. 当前文化消费空间特征与发展动向探析 [J]. 城市发展研究, 2021 (7): 99-104.

[13] 戴翔, 金碚. 产品内分工, 制度质量与出口技术复杂度 [J]. 经济研究, 2014 (7): 4-17+43.

[14] 董雪兵, 朱慧, 康继军, 宋顺锋. 转型期知识产权保护制度的增长效应研究 [J]. 经济研究, 2012 (8): 4-17.

[15] 范德成, 方璘, 宋志龙. 不同技术创新途径与产业结构升级动态互动关系研究 [J]. 科技进步与对策, 2020 (3): 57-66.

[16] 范金, 姜卫民, 刘瑞翔. 增加值率能否反映经济增长质量? [J]. 数量经济技术经济研究, 2017 (2): 21-37.

[17] 费开智. 我国生态文明领域知识产权战略的回顾与展望 [J]. 中国矿业大学学报 (社会科学版), 2020 (6): 54-67.

[18] 葛海燕, 张少军, 丁晓强. 中国的全球价值链分工地位及驱动因素——融合经济地位与技术地位的总和测度 [J]. 国际贸易问题, 2021 (9): 122-137.

[19] 谷军健, 赵玉林. 中国海外研发投资与制造业绿色高质量发展研究 [J]. 数量经济技术经济研究, 2020 (1): 41-61.

[20] 顾振华, 沈瑶. 知识产权保护、技术创新与技术转移——基于发展中国家的视角 [J]. 产业经济研究, 2015 (3): 64-73.

[21] 关成华, 袁祥飞, 于晓龙. 创新驱动、知识产权保护与区域经济发展——基于2007—2015年省级数据的门限面板回归 [J]. 宏观经济研究, 2018 (10): 86-92.

[22] 韩玉雄, 李怀祖. 关于中国知识产权保护水平的定量分析 [J]. 科学学研究, 2005 (6): 377-382.

[23] 胡鞍钢, 周绍杰. 绿色发展: 功能界定、机制分析与发展战略 [J]. 中国人口·资源与环境, 2014 (1): 14-20.

［24］黄静，肖小勇，何玉成．疫情、营商环境与出口［J］.国际贸易问题，2021（9）：70－87.

［25］黄群慧．新发展格局的理论逻辑、战略内涵与政策体系——基于经济现代化的视角［J］.经济研究，2021（4）：4－23.

［26］黄赜琳，秦淑悦．市场一体化对消费升级的影响——基于"量"与"质"的双重考察［J］.中国人口科学，2021（5）：18－31＋126.

［27］江小涓．中国的外资经济：对增长、结构和竞争力的贡献［M］.北京：中国人民大学出版社，2002.

［28］金碚．关于"高质量发展"的经济学研究［J］.中国工业经济，2018（4）：5－18.

［29］金碚．论经济全球化3.0时代——兼论"一带一路"的互通观念［J］.中国工业经济，2016（1）：5－20.

［30］金培振，殷德生，金桩．城市异质性、制度供给与创新质量［J］.世界经济，2019（11）：99－123.

［31］金晓彤，黄蕊．技术进步与消费需求的互动机制研究——基于供给侧改革视域下的要素配置分析［J］.经济学家，2017（2）：50－57.

［32］赖敏，韩守习．知识产权保护对出口技术复杂度的影响研究［J］.世界经济与政治论坛，2018（4）：104－130.

［33］黎文靖，郑曼妮．实质性创新还是策略性创新？——宏观产业政策对微观企业创新的影响［J］.经济研究，2016（4）：60－73.

［34］李方正．消费升级视野的需求结构再平衡［J］.重庆社会科学，2015（9）：47－57.

［35］李俊青，苗二森．不完全契约条件下的知识产权保护与企业出口技术复杂度［J］.中国工业经济，2018（12）：115－133.

［36］李兰冰，李焕杰．技术创新、节能减排与城市绿色发展［J］.软科学，2021（11）：46－51.

［37］李娜，陈伟，朱树林．知识产权保护对出口商品结构的影响研究——基于中、西部的区域比较［J］.湖北社会科学，2018（10）：50－55.

［38］李平，崔喜君，刘建．中国自主创新中研发资本投入产出绩效分析——兼论人力资本和知识产权保护的影响［J］．中国社会科学，2007（2）：32 – 42.

［39］李平，史亚茹．知识产权保护对 OFDI 逆向技术溢出的影响［J］．世界经济研究，2019（2）：99 – 110.

［40］李士梅，尹希文．知识产权保护强度对产业结构升级的影响及对策［J］．福建师范大学学报（哲学社会科学版），2018（2）：1 – 9.

［41］刘斌，李川川，李秋静．新发展格局下消费结构升级与国内价值链循环：理论逻辑和经验事实［J］．财贸经济，2022（3）：5 – 18.

［42］刘凤朝，沈能．基于专利结构视角的中国区域创新能力差异研究［J］．管理评论，2006（11）：44 – 47.

［43］刘琳．全球价值链，制度质量与出口品技术含量——基于跨国层面的实证分析［J］．国际贸易问题，2015（10）：37 – 47.

［44］刘思明，侯鹏，赵彦云．知识产权保护与中国工业创新能力——来自省级大中型工业企业面板数据的实证研究［J］．数量经济技术经济研究，2015（3）：40 – 57.

［45］吕洪燕，于翠华，曲世卓，田玉来．人力资本与制造业出口结构高级化水平［J］．华东经济管理，2020（6）：103 – 111.

［46］毛其淋，方森辉．创新驱动与中国制造业企业出口技术复杂度［J］．世界经济与政治论坛，2018（2）：1 – 24.

［47］楠玉．消费结构升级与高质量增长：机制与评估［J］．首都经济贸易大学学报，2022（3）：11 – 23.

［48］庞瑞芝，范玉，李扬．中国科技创新支撑经济发展了吗？［J］．数量经济技术经济研究，2014（10）：37 – 52.

［49］裴长洪，刘洪愧．中国外贸高质量发展：基于习近平百年大变局重要论断的思考［J］．经济研究，2020（5）：4 – 20.

［50］彭衡，李扬．发展中国家知识产权保护对绿色技术转移的影响机制研究［J］．青海社会科学，2019b（2）：87 – 92 + 104.

［51］彭衡，李扬. 知识产权保护与中国绿色全要素生产率 ［J］. 经济体制改革，2019a（3）：18－24.

［52］柒江艺，许和连. 行业异质性、适度知识产权保护与出口技术进步 ［J］. 中国工业经济，2012（2）：79－88.

［53］秦书生，王旭，付晗宁. 我国推进绿色发展的困境与对策——基于生态文明建设融入经济建设的探究 ［J］. 生态经济，2015（7）：168－171＋180.

［54］饶雨平. 发展中国家产业升级困境及政府作用发挥 ［J］. 经济问题，2015（8）：38－41.

［55］任碧云，贾贺敬. 金融有效支持中国制造业产业升级了吗？——基于金融规模、金融结构和金融效率的实证检验 ［J］. 财经问题研究，2019（4）：45－52.

［56］石若文. 新时代高质量发展背景下绿色消费发展路径研究 ［J］. 西北大学学报（哲学社会科学版），2020（1）：73－78.

［57］宋洋，李先军. 新发展格局下经济高质量发展的理论内涵与评价体系 ［J］. 贵州社会科学，2021（11）：120－129.

［58］师博，任保平. 中国省际经济高质量发展的测度与分析 ［J］. 经济问题，2018（4）：1－6.

［59］隋月红，赵振华. 出口贸易结构的形成机理：基于我国1980—2005年的经验研究 ［J］. 国际贸易问题，2008（3）：9－16.

［60］孙豪，王泽昊，姚健. 房价对消费结构升级的影响：机制与实证 ［J］. 上海财经大学学报，2022（2）：61－77.

［61］孙少勤，邱斌. 金融发展与我国出口结构优化研究——基于区域差异视角的分析 ［J］. 南开经济研究，2014（4）：17－31.

［62］孙玉红，马志鑫，盛莉. 美国IP政策的扩张策略与发展中国家知识产权保护——基于"外压内应"机制的实证分析 ［J］. 国际贸易问题，2020（4）：51－68.

［63］孙早，许薛璐. 产业创新与消费升级：基于供给侧结构性改革

视角的经验研究 [J]. 中国工业经济, 2018 (7): 98 - 116.

[64] 唐晓彬, 王亚男, 唐孝文. 中国省域经济高质量发展评价研究 [J]. 科研管理, 2020 (11): 44 - 55.

[65] 唐勇军, 李鹏. 董事会特征、环境规制与制造业企业绿色发展—— 基于 2012—2016 年制造业企业面板数据的实证分析 [J]. 经济经纬, 2019 (3): 73 - 80.

[66] 滕堂伟, 孙蓉, 胡森林. 长江经济带科技创新与绿色发展的耦合协调及其空间关联 [J]. 长江流域资源与环境, 2019 (11): 2574 - 2585.

[67] 田祖海, 杨文俊. 中部六省高技术产品出口技术复杂度影响因素实证研究 [J]. 武汉理工大学学报 (社会科学版), 2019 (1): 84 - 92.

[68] 万伦来, 陈永瑞. 知识产权保护对经济高质量发展的影响—— 来自 2008—2017 年中国 30 个省份的经验数据 [J]. 科技管理研究, 2021 (17): 136 - 143.

[69] 王桂梅, 程开明, 罗雨森. 知识产权保护对经济高质量发展的影响效应——基于面板分位数回归模型的实证检验 [J]. 华东经济管理, 2021 (7): 66 - 74.

[70] 王华. 更严厉的知识产权保护制度有利于技术创新吗? [J]. 经济研究, 2011 (S2): 124 - 135.

[71] 王辉龙, 洪银兴. 创新发展与绿色发展的融合: 内在逻辑及动力机制 [J]. 江苏行政学院学报, 2017 (6): 34 - 40.

[72] 王曼曼, 连帅, 李海燕, 尹士. 中国双向 FDI、知识产权保护与绿色专利产出——基于省际面板数据的实证分析 [J]. 系统管理学报, 2020 (6): 1136 - 1149.

[73] 王伟, 任豪. 数字中国建设的法治保障 [J]. 法律适用, 2021 (12): 28 - 36.

[74] 王文平, 钱丽. 双轮创新驱动中国工业绿色发展的测度及门槛效应研究 [J]. 东南大学学报 (哲学社会科学版), 2021 (5): 11 - 25 +

150.

［75］魏婧恬，葛鹏，王健．制度环境、制度依赖性与企业全要素生产率［J］．统计研究，2017（5）：38－48.

［76］魏敏，李书昊．新时代中国经济高质量发展水平的测度研究［J］．数量经济技术经济研究，2018（11）：3－20.

［77］温忠麟，叶宝娟．中介效应分析：方法和模型发展［J］．心理科学进展，2014（5）：731－745.

［78］吴超鹏，唐菂．知识产权保护执法力度、技术创新与企业绩效——来自中国上市公司的证据［J］．经济研究，2016（11）：125－139.

［79］吴凯，蔡虹，蒋仁爱．中国知识产权保护与经济增长的实证研究［J］．科学学研究，2010（12）：1832－1836.

［80］肖必燕．产业结构变迁影响居民消费升级的省际面板数据检验［J］．商业经济研究，2020（8）：62－65.

［81］肖振红，李炎．知识产权保护、R&D 投入与区域绿色创新绩效［J］．系统管理学报，2022（2）：374－383.

［82］谢小平，傅元海．大国市场优势、消费结构升级与出口商品结构高级化［J］．广东财经大学学报，2018（4）：27－37.

［83］邢斐，周泰云．研发补贴、知识产权保护与企业创新［J］．中国科技论坛，2020（9）：114－124.

［84］邢孝兵，穆广磊，黄梅．国内消费结构升级对培育外贸竞争新优势的影响研究——基于跨国面板数据的分析［J］．山东财经大学学报，2021（3）：5－19.

［85］徐朝阳，张斌．经济结构转型期的内需扩展：基于服务业供给抑制的视角［J］．中国社会科学，2020（1）：64－83＋205.

［86］徐晨，孙元欣．竞争压力下企业选择创新还是寻租？——基于知识产权保护视角的解释［J］．经济评论，2019（6）：31－47.

［87］徐康宁，冯伟．基于本土市场规模的内生化产业升级：技术创新的第三条道路［J］．中国工业经济，2010（11）：58－67.

［88］杨俊，胡玮，张宗益．国内外 R&D 溢出与技术创新：对人力资本门槛的检验 ［J］．中国软科学，2009（4）：31－41．

［89］杨林燕，王俊．知识产权保护提升了中国出口技术复杂度吗？ ［J］．中国经济问题，2015（3）：97－108．

［90］杨上广，郭丰．知识产权保护与城市绿色技术创新——基于知识产权示范城市的准自然实验 ［J］．武汉大学学报（哲学社会科学版），2022（4）：100－113．

［91］杨耀武，张平．中国经济高质量发展的逻辑，测度与治理 ［J］．经济研究，2021（1）：26－42．

［92］杨轶波．增强知识产权保护总能促进创新吗？——纳入"干中学"效应的南北框架分析 ［J］．世界经济研究，2018（12）：115－134．

［93］姚树洁，韦开蕾．中国经济增长、外商直接投资和出口贸易的互动实证研究 ［J］．经济学（季刊），2007（10）：151－169．

［94］姚洋，张晔．中国出口品国内技术含量升级的动态研究——来自全国及江苏省、广东省的证据 ［J］．中国社会科学，2008（2）：67－82＋205－206．

［95］余泳泽，杨晓章，张少辉．中国经济由高速增长向高质量发展的时空转换特征研究 ［J］．数量经济技术经济研究，2019（6）：3－21．

［96］俞荣建，郑佳咪，项丽瑶，李海明．基于异质性研发合作的知识创造质量提升机制——内／外情境双重视角 ［J］．科技管理研究，2020（11）：184－190．

［97］曾洁华，钟若愚．互联网推动了居民消费升级吗——基于广东省城市消费搜索指数的研究 ［J］．经济学家，2021（8）：31－41．

［98］詹新宇．市场化、人力资本与经济增长效应——来自中国省际面板数据的证据 ［J］．中国软科学，2012（8）：166－177．

［99］詹映．试论新形势下我国知识产权战略规划的新思路 ［J］．中国软科学，2020（8）：1－9．

［100］湛泳，李珊．智慧城市建设、创业活力与经济高质量发展——

基于绿色全要素生产率视角的分析 [J]. 财经研究，2022（1）：4－18.

[101] 张杰. 中国专利增长之"谜"——来自地方政府政策激励视角的微观经验证据 [J]. 武汉大学学报（哲学社会科学版），2019（1）：85－103.

[102] 张军扩，侯永志，刘培林，何建武，卓贤. 高质量发展的目标要求和战略路径 [J]. 管理世界，2019（7）：1－7.

[103] 张磊，许明，阳镇. 知识产权保护的雾霾污染减轻效应及其技术创新机制检验 [J]. 南开经济研究，2021（1）：164－183.

[104] 张小筠，刘戒骄，李斌. 环境规制、技术创新与制造业绿色发展 [J]. 广东财经大学学报，2020（5）：48－57.

[105] 张秀生，樊君晗. 经济发展新常态下产业结构优化研究 [J]. 科技进步与对策，2015（11）：73－76.

[106] 张治栋，廖常文. 区域市场化、技术创新与长江经济带产业升级 [J]. 产经评论，2019（9）：94－107.

[107] 章文光，王耀辉. 哪些因素影响了产业升级？——基于定性比较分析方法的研究 [J]. 北京师范大学学报（社会科学版），2018（1）：132－142.

[108] 赵喜仓，张大鹏. 加强知识产权保护会促进经济增长吗？[J]. 经济问题，2018（3）：19－23.

[109] 中国经济增长前沿课题组，张平，刘霞辉，袁富华，陈昌兵. 突破经济增长减速的新要素供给理论、体制与政策选择 [J]. 经济研究，2015（11）：4－19.

[110] 周善将，周天松. 新发展格局下产业智能化发展的消费升级溢出效应：理论与实证 [J]. 商业经济研究，2021（22）：173－177.

[111] 朱树林. 知识产权保护对我国出口商品结构的影响研究 [J]. 湖南大学学报（社会科学版），2013（3）：61－67.

[112] 朱卫平，陈林. 产业升级的内涵与模式研究——以广东产业升级为例 [J]. 经济学家，2011（2）：60－66.

［113］庄子银，李宏武. 贸易、知识产权与出口企业创新：基于美国337调查的实证分析［J］. 世界经济研究，2018（4）：75 – 87 + 136.

［114］邹蕴涵. 信息消费：概念、特征以及问题［J］. 财经界，2017（18）：1 – 3.

［115］Acemoglu，D. ，and J. Linn Market Size in Innovation：Theory and Evidence from the Pharmaceutical Industry［J］. *Quarterly Journal of Economics*，2004，119（3）：1049 – 1090.

［116］Canals，C. and F. Sener. Offshoring and Intellectual Property Rights Reform［J］. *Journal of Development Economics*，2014，108：17 – 31.

［117］Chen，Y. and T. Puttitanun. Intellectual Property Rights and Innovation in Developing Countries［J］. *Journal of Development Economics*，2005，78（2）：474 – 493.

［118］Coe，D. T. ，and E. Helpman. International R&D Spillovers［J］. *European Economic Review*，1995，39（5）：859 – 887.

［119］Dang，J. and K. Motohashi. Patent Statistics：a Good Indicator for Innovation in China? Patent Subsidy Program Impacts on Patent Quality［J］. *China Economic Review*，2015，35（3）：137 – 155.

［120］FuruKawa，Y. The Protection of Intellectual Property Rights and Endogenous Growth：Is Stronger Always Better?［J］. *Journal of Economic Dynamics and Control*，2007，31（11）：3644 – 3670.

［121］Gangopadhyay，K. ，and D. Mondal. Does Stronger Protection of Intellectual Property Stimulate Innovation?［J］. *Economics Letters*，2012，116（1）：80 – 82.

［122］Ginarte，J. C. ，and W. G. Park，Determinants of Patent Rights：A Cross National Study［J］. *Research Policy*，1997（26）：283 – 301.

［123］Gould，D. M. ，and W. C. Gruben. The Role of Intellectual Property Rights in Economic Growth［J］. *Journal of Development Economics*，1996，48（2）：323 – 350.

［124］ Hansen, B. E. Threshold Effects in Non-dynamic Panels: Estima-tion, Testing, and Inference ［J］. *Journal of Econometrics*, 1999, 93 (2): 345 – 368.

［125］ Hausmann, R., J. Hwang., and D. Rodrik. What You Export Matters ［J］. *Journal of Economic Growth*, 2007, 12 (1): 1 – 25.

［126］ Horri, R. and T. Iwaisako. Economic Growth with Imperfect of Intel-lectual Property Rights ［J］. *Journal of Economics*, 2007, 9 (1): 45 – 85.

［127］ Hudson, J., and A. Minea. Innovation, Intellectual Property Rights and Economic Development: A Unified Empirical Investigation ［J］. *World Development*, 2013 (46): 66 – 78.

［128］ Katharina, E., and H. Stephan. Product Sophistiction and Spillo-vers from Foreign Direct Investrment ［J］. *Canadian Journal of Economics*, 2016, 49 (4): 1658 – 1684.

［129］ Lee B. and S. Kamal. Intellectual Property Rights, Foreign Direct Investment and Industrial Development ［J］. *Economic Journal*, 2011, 121 (555): 1161 – 1191.

［130］ Lo S. Strengthening Intellectual Property Rights: Experience from the 1986 Taiwanese Patent Reforms ［J］. *International Journal of Industrial Or-ganization*, 2011, 29 (5): 524 – 536.

［131］ Puga D. and D. Trefler. Wake up and Smell the Ginseng: Interna-tional Trade and the Rise of Incremental Innovation in Low-wage Countries ［J］. *Ssm Electronic Journal*, 2010, 91 (1): 64 – 76.

［132］ Schneider P. H. International Trade, Economic Growth and Intellec-tual Property Rights: A Panel Data Study of Developed and Developing Countries ［J］. *Journal of Development Economics*, 2005, 78 (2): 529 – 547.

［133］ Shapiro C. *Navigating the Patent Thicket: Cross Licenses, Patent Pools, and Standard – Setting* ［J］. *Innovation Policy and the Economy*, 2001, 1: 119 – 150.

［134］ Yang G. F. and K. E. Maskus Intellectual Property Rights, Licensing, and Innovation in an Endogenous Product Cycle Mode ［J］. *Journal of International Economics*, 2001, 53（1）: 169 – 187.

［135］ Yang G. F. and K. E. Maskus *Intellectual Property Rights*, *Licensing and Innovation* ［R］. Policy Research Working Paper, No. 2973, 2003.

［136］ Yi. , X. , and A. Naghavi. Intellectual Property Rights, FDI, and Technological Development ［J］. *The Journal of International Trade & Economic Development*, 2017, 26（4）: 410 – 424.